ホントにとてもくわしい

リロ氏のホットサンドメーカーレシピ

マキノ出版

はじめに

みなさんこんにちは、ぃ氏です。

はじめましてのかたもいらっしゃると思うので、簡単に自己紹介を。

ネット上ではよく「ホットサンドメーカーの人」と呼ばれていますが、じつは、犬なし単独忍(たんどくしの)び猟(りょう)（犬を連れずにひとりで山を歩きまわる猟）を行う辺境僻地の末端ソロハンターです。

狩猟以外にも、キャンプ・ハイキング・釣りなどのアウトドア活動を、これまたソロで楽しんでいるのですが、そこで作る料理を思いつきで投稿し始めたところ、高評価をもらうようになりました。

そして、持ち運びがしやすいホットサンドメーカーで「何でも焼けるのでは？」と自由に作り続けた結果、日々“絶望的に頭の悪い料理”をアップし、それが本になるという、いまにいたっています。

いやはや、世の中、何が起こるかわかりませんね。5年前の自分に「おまえ、料理の本を出すぞ」といってやりたいです。

※所持している銃について
部品交換取付及び改造は、すべて店に委託し、生活安全課にて適切に書換・変更を済ませてあります。バランサーエクステンションやストック等もすべて銃砲店を通して合法・正規品を購入しています。また、すべて安全に配慮し、法律を遵守しています。自室での銃の写真・動画はすべてメンテナンス、技能向上目的の練習の際に撮影しています。

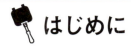

前著『リロ氏のソロキャンレシピ』はおかげさまで大好評！　Twitter のフォロワー数もドカンと増加！　YouTube のチャンネル登録者数は 30 万人を超え、みなさんのおかげで驚くことがたくさん起こりました。

本当にありがとうございます！

そして今回、さらにパワーアップしたホットサンドメーカー（通称：HSM）のレシピ本を出版する運びとなりました。ホットサンドメーカーのレシピは前回よりも格段に増え、さらに、お好み焼きメーカーと山フライパンを使ったレシピも収録しています。

今回も変わらず、「あのズボラ料理がこんなにカッコよくなっていいのか !?」という仕上がりですが、ぼくのレシピのモットーである「簡単・アレンジが効く・手に入りやすい材料で作る」というハードルの低さはそのままです。

誰でも簡単に作れてアレンジが効くレシピ本なので、家で、アウトドアで、ソロキャンプでぜひ作ってみてください！

リロ氏

Twitter と YouTube の両方で、ホットサンドメーカーなどの料理動画を配信中。

CONTENTS

PART 1

ソロキャンのマストアイテム
ホットサンドメーカーのここがスゴイ！

PART 2

Twitterで人気！
HSM（ホットサンドメーカー）レシピベスト10

PART 3

「うまい！」が約束された 絶望的に頭が悪いHSM(ホットサンドメーカー)レシピ

PART 4

手軽にパパっと作れる！ コンビニ＆冷凍食品のHSM（ホットサンドメーカー）レシピ

PART 5

外でもアツアツが食べられる！ 揚げ物ものHSM（ホットサンドメーカー）レシピ

PART 6

刺すからこそうまい！

串ものHSM（ホットサンドメーカー）レシピ

PART 1

ソロキャンのマストアイテム

ホットサンドメーカーのここがスゴイ!

ホットサンドメーカーってかなり便利！

ホットサンドメーカーとは、食パンに好きな具材を挟んで焼く「ホットサンド」を作る調理器具です。しかし、じつは汎用性が高く、肉や魚料理、ごはんもの、スイーツ系といった、幅広い料理が作れる万能調理器具でもあるのです。

焼く

ホットサンドメーカーは、ひっくり返せる「両面焼きの小さなフライパン」。両面から火にかけて蒸し焼きにできるので、さまざまな料理が作れます。

揚げる

少しの油で、「揚げ焼き」にすることで、カリッとジューシーな揚げ物が作れます。少ない油で揚げるのでヘルシーなうえに、あと片付けもラク！

圧縮

ホットサンドメーカーは、食材に圧をかけて調理するアイテム。この「圧をかける」ことで食材の旨味がギュっと凝縮され、おいしさが一層アップします。

HSMひとつでソロキャンめしが楽しめる!

　ホットサンドメーカーは色々な料理が作れるだけでなく、持ち運びのしやすさから、家だけでなく、アウトドアでも活用できるのがうれしいところ。ここでは、ホットサンドメーカーの便利さやメリットをお話しします。

1人分を作るのにちょうどいい

そもそもホットサンドメーカーは、1回で1人分のホットサンドが作れる調理器具。なので"1人分"の料理を作るのに、ちょうどいいサイズ感。ソロキャンはもちろん、一人暮らしにも便利なアイテムです。

ひっくり返しの失敗がない

お好み焼きなど両面焼きするものをフライパンで焼く場合、ひっくり返すときに崩したり、周りに飛び散らしたりすることがあります。ホットサンドメーカーはそんな失敗もなく、両面をこんがり焼けます。

調理器具にも食器にもなる

例えば、鶏の竜田揚げ（121ページ参照）は、衣をつけてから焼くまでを、ホットサンドメーカーの上で行っています。また、アツアツをキープできるので、食器として使えば、洗いものを減らすこともできます。

焼き加減が確認しやすい

焼き加減は、そのつど開いて確認ができます。簡単にひっくり返せるので両面の焼き加減が確認でき、均等に火が通せます。レシピの焼き時間は目安なので、ときどき確認しながら焼きましょう。

ソロキャンめしのミニポイント

既製品を活用するのが叩氏流ソロキャンめしのポイント！　シングルバーナーとHSMを持って、道中のスーパーやコンビニで必要な食材を買えば、手軽にキャンプが楽しめます。

リロ氏おすすめ！ ホットサンドメーカーの紹介

　ひとくちにホットサンドメーカーといっても、形やサイズ、厚み（深さ）、焼き目の有無など、その種類はさまざまです。ここでは、普段、ぼくが使用している汎用性の高いホットサンドメーカーをご紹介します。

＊本書では、ここで紹介しているホットサンドメーカーを使用しています。

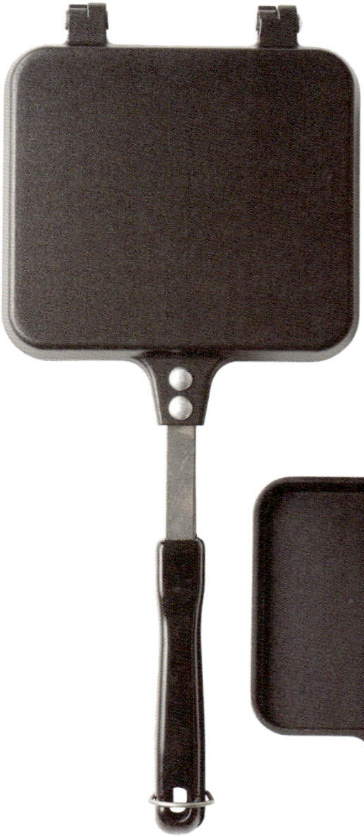

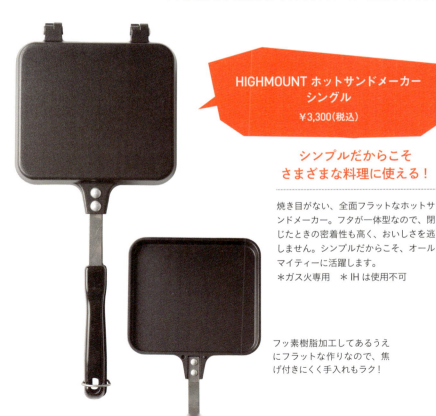

HIGHMOUNT ホットサンドメーカー
シングル

¥3,300(税込)

シンプルだからこそ さまざまな料理に使える！

焼き目がない、全面フラットなホットサンドメーカー。フタが一体型なので、閉じたときの密着性も高く、おいしさを逃しません。シンプルだからこそ、オールマイティーに活躍します。
＊ガス火専用　＊IH は使用不可

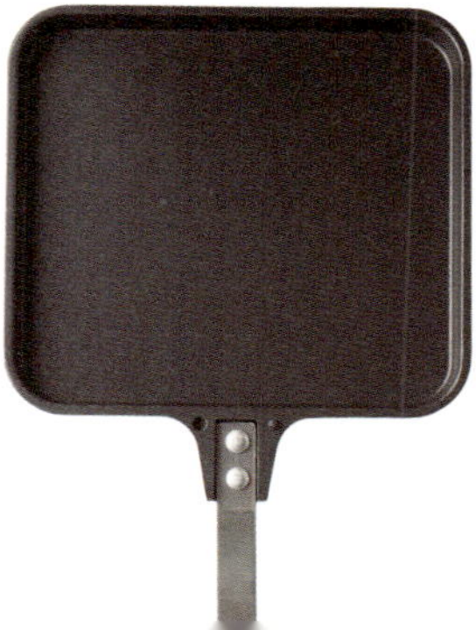

フッ素樹脂加工してあるうえにフラットな作りなので、焦げ付きにくく手入れもラク！

開いたままの状態で フタが固定できる!

フタが固定されるので、食材の出し入れや、調理中に調味料を加える作業もスムーズにできます。ただしその分、安定していないと後ろにひっくり返りやすいので注意が必要です。

\ たくさん作る場合はコレ! /

和平フレイズ ワイドサンドパン

¥3,850(税込)

容量が、一般的なホットサンドメーカーの2倍なので、たっぷり作りたいときや、小さいホットサンドメーカーでは作りにくい料理にピッタリ。こちらもフラットな作りで、フタが固定できるタイプです。
＊ガス火専用　＊IHは使用不可

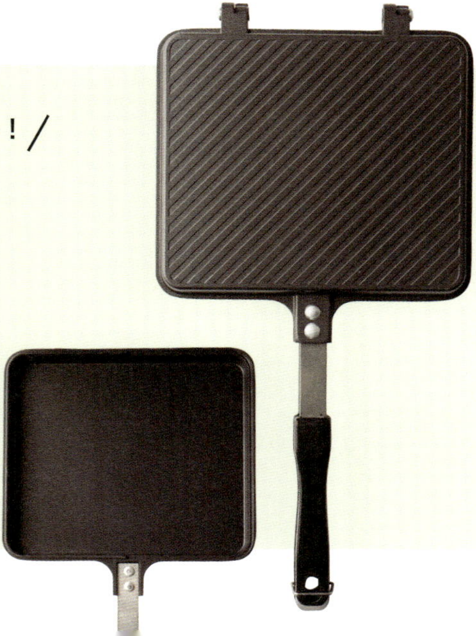

ホットサンドメーカーの使い方・調理の工夫

ホットサンドメーカー料理は、道具と食材さえあれば、いつでも誰でも簡単にできますが、上手においしく調理するために、ほんの少しだけコツがあります。基本的な使い方や調理のコツをおさえましょう。

圧をかけすぎないこと！

厚みのある食材や料理を作る場合、最初は閉まらないことがあります。圧力をかけて無理やり閉めると、破損したり、くっつきやムラ焼けの原因になります。焼いているうちに閉まるようになるので、慌てず待ちましょう。

動かして隅々まで火を通す！

ホットサンドメーカーは、どうしても火の入り具合にムラができてしまいます。全体にまんべんなく火が入るよう、動かしながら焼きましょう。とくに四隅は火が通りにくいので、意識しながら焼いてください。

最初は強火にしない！

最初から強火で焼くと、外は焼けても中は生焼けになってしまいます。本書では各レシピに火加減を記載していますが、強火で焼かないよう注意を。「弱火で中までで火を通し、最後に強火で焼き目をつける」のが基本です。

厚みのある肉を焼くときは隙間から出る水分をチェック！

厚みのある肉を焼くと、最初は隙間から水が出ますが、焼けてくると出なくなってきます。ひっくり返したり倒したりを何回かくり返していると、中が乾燥してダッチオーブンのようになり、肉の中心まで火が通ります。

ときどき開けて焼き具合をチェック!

各レシピには加熱時間が記載されていますが、使っているコンロやバーナー、食材の温度などによって加熱時間は変わります。ときどきホットサンドメーカーを開いて焼き具合をチェックし、加熱時間を調整してください。

ひっくり返すときは「汁受け用の容器」の上で!

ホットサンドメーカーをひっくり返すとき、隙間から汁や油がこぼれます。コンロの上で行うと大惨事になるので、汁受け用の容器(耐熱性のあるもの)を用意し、その容器の上で行いましょう(火傷に注意を!)。

余分な水や油を捨てながら焼こう!

水分の多い野菜や脂の多いホルモンや鶏皮などは、調理中にかなりの水や脂が出ます。そのまま焼いてしまうとおいしく仕上がらないので、余分な水や油を捨てながら焼きましょう(捨て方は、ひっくり返すときと同じ)。

ひっくり返しすぎに注意!

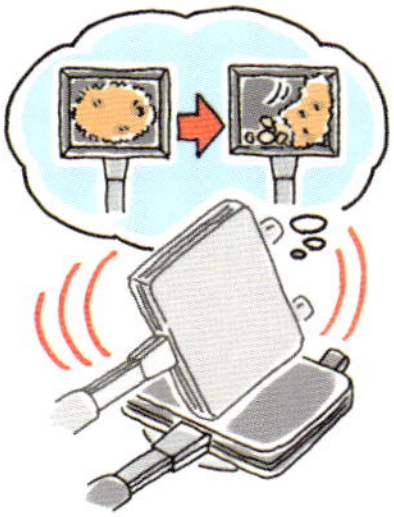

料理によって、ひっくり返しながら焼くほうがよいものと、あまりひっくり返さないほうがよいもの(パン粉がこぼれる、形が崩れるなど)があります。ひっくり返しすぎに注意しましょう(調理の前に18ページをチェック!)。

Warning!

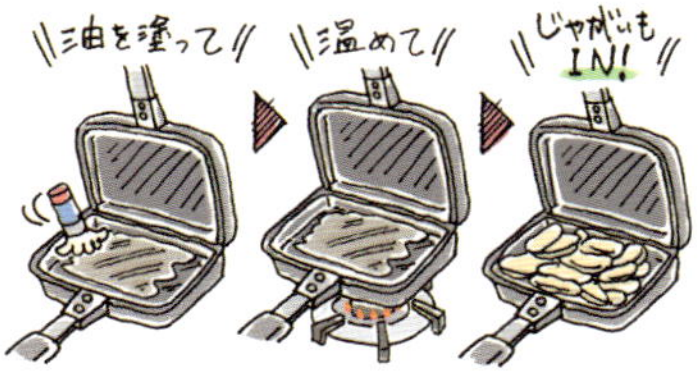

じゃがいも料理は焦げつきに注意!

じゃがいも料理は、ホットサンドメーカーの作り(焼き目付きのものやフッ素樹脂加工をしてないものなど)によっては非常にくっつきやすいので、先にホットサンドメーカーに食用油を塗って、よく温めてから調理しましょう。

卯氏流ホットサンドメーカーレシピの特長

卯氏流レシピは、「簡単・アレンジが効く・手に入りやすい材料で作る」のがモットー。だから、身近にある食材や便利な食材を上手く活用するのがポイントです。ちょっとしたひと工夫で、短時間でおいしいソロキャンめしが作れます。

■ これ1本あればOK！便利な万能スパイス！

中村食肉　マキシマム(140g) ¥540(税込)

卯氏のレシピで欠かせないのが、魔法のスパイス「マキシマム」！　肉料理はもちろん、野菜や魚料理など何にでも使える万能調味料です。これ1本あればほかの調味料が必要ないので、極力荷物を減らしたいキャンプにもおすすめです。ネットショップや一部のスーパーなどで入手できます。

マキシマムがない場合は……

マキシマムが入手できない場合は、下記の調味料で代用できます。料理に合わせて適量使用してください。

【材料（好きな分量)】
塩・こしょう…大さじ1、ガーリックパウダー…小さじ1、ナツメグ…小さじ1

■ マキシマム以外にも、使える万能スパイス

「マキシマム」が手に入れられないときは、下記の2つでも代用できます。

アウトドアスパイスほりにし
(100g) ¥842(税込)

アウトドアセレクトショップのマネージャーさんが作った、塩やしょうゆをベースに、20種類以上のスパイスがブレンドされた、アウトドア料理にぴったりなオールインワンスパイスです。

かしわ屋くろせ(有限会社黒瀬食鳥)
黒瀬のスパイス(110g) ¥764(税込)

老舗の鶏専門店オリジナルの万能調味料で、キャンパーたちの間でも、定番のスパイスになっています。鶏、豚、牛料理をはじめ、野菜炒めやハンバーグの味付けもこれ1本でOKです。

既製品や市販の
シーズニングを活用！

ソロキャンめしで重要なのは、「荷物を少なく」「手軽に作れる」の２点。そこで活躍するのが、チルドやレトルト、加工食品などの市販品。これを元にひと工夫すれば、短時間で簡単に、おいしいソロキャンめしが作れます。また、市販のシーズニングを活用すれば、いろいろな調味料を持って行く必要がありません。

カット済み、
下ゆで済みの野菜が超便利！

スーパーやコンビニで売られている、カット済み野菜、下ゆで済み野菜は、汎用性が高く超便利！　例えば、千切りキャベツはそのままお好み焼きの具に。下ゆで済みカレーセット（じゃがいも、にんじん、玉ねぎ入り）は、そのまま潰せばコロッケが作れます。下ごしらえや切る手間が省けるうえに、ゴミも少なくて済みます。

大活躍する
冷凍食品やコンビニ食品

すでに完成された食品で味も決まっているので、ひと工夫を加えるだけで、より一層おいしくなります。また、これらをうまく組み合わせれば、簡単に新たな料理を作ることもできます。最近は、各コンビニがオリジナルブランドで、多種多様な冷凍食品や惣菜を展開しているのも魅力ですね。

レシピのルール

●本書のレシピは、Twitter アカウント「卯氏」で投稿されている動画を元に作成しています。本書で簡単に再現できるよう、動画では別の調理器具でも、一部のレシピはホットサンドメーカーで作れるようにレシピ化しています。また、材料も作りやすさを重視し、動画で使用しているものとは一部変更しております。

●ホットサンドメーカーは、12 ページで紹介した直接火にかけて調理するタイプのものを使用しています。

●本書のレシピは、「簡単・アレンジが効く・手に入りやすい材料で作る」ことをモットーとしているため、使用食材は既製品も多く登場します。

●本書の材料は、ホットサンドメーカー 1 回分（ほぼ 1 人分）の分量です。

●野菜の皮などの下処理は、基本的に作り方から省いて記載しています。

●レシピで使用する万能スパイスは、「マキシマム」で統一しています。

●ホットサンドメーカーに食用油を塗る場合、レシピ内にとくに指定がない場合は、両方の面に塗ってください。

●本書では、すべてのホットサンドメーカーでスムーズに調理できるよう、基本的にホットサンドメーカーにくっつき防止の食用油を塗ってから、調理するプロセスにしています。フッ素樹脂加工のものなど、くっつきにくいタイプを使う場合は、油を塗らなくても構いません。

●各レシピに記載の火加減・加熱時間は目安です。ご使用の器具によって異なるので、様子を見ながら調整してください。

●料理によって、裏返しながら焼くほうがよいものと、あまり裏返さないほうがよいものがあります（15 ページ「ひっくり返しすぎに注意！」参照）。そのため、本書では、「裏返しながら●分ほど焼く」と「●分焼き、裏返してさらに●分ほど焼く」という 2 つの表現を使っています。裏返しても中の状態に影響がないものは、「裏返しながら●分ほど焼く」と表記。裏返すことでデメリットがあるものについては、しっかり片面ずつ焼けるように「●分焼き、裏返してさらに●分ほど焼く」という表記にしています。

PART 2

Twitterで人気！

HSMレシピ ベスト10

（HSM：ホットサンドメーカー）

※再生回数は、2021年2月時点のもの。

追いチーズで
より絶望度アップ！

▶ 再生回数109万回！

頭の悪いジャーマンポテト

＃絶望的に頭が悪いジャーマンポテトを焼いてハイボールをキメるだけの動画

材料（1回分）

皮付きタイプのゆでじゃがいも（市販）……6個（230g）
ハーフベーコン……1パック（5枚）
シーズニング（ジャーマンポテト用）……1袋（6g）
スモークスライスチーズ……4枚
オリーブオイル……適量
タバスコ……お好みで

作り方

1 ホットサンドメーカーにオリーブオイルを薄く塗り、じゃがいもを並べて半分に切る。

2 ハーフベーコンを食べやすい大きさに割き、1の上にのせる。

3 2にシーズニングをかけ、スモークスライスチーズを2枚のせる。

4 ホットサンドメーカーを閉じ、裏返しながら中弱火で8分ほど焼く。

5 ホットサンドメーカーを開き、スモークスライスチーズをさらに2枚のせる。

6 ホットサンドメーカーを閉じ、チーズが溶けるまで、さらに弱火で1分ほど焼く。

7 火からおろし、お好みでタバスコをかける。

焼く前

たっぷりチーズにまみれた
ベーコンとじゃがいもが
うまうすぎる！

ly yone's Recipe 2

前回よりズボラに
作れます！

再生回数137万回！

カツレツ ver.2.0

＃ホットサンドメーカーでズボラにカツレツを焼いてビールをキメるだけの動画

材料（1回分）

豚ロース肉（とんかつ用）……1枚（100g）
小麦粉……大さじ1
溶き卵……1個分
パン粉……30g
オリーブオイル……大さじ2
マキシマム……適量
とんかつソース……適量

作り方

1 皿などに豚ロースを置き、マキシマムを両面に振る。

2 1の両面に小麦粉をまぶし、溶き卵をかけて全体に絡める。

3 ボウルにパン粉とオリーブオイルを入れて混ぜる。

4 ホットサンドメーカーに3の半量を敷き、2の肉をのせる。

5 4に残りのパン粉をかけ、肉全体につける。

6 ホットサンドメーカーを閉じ、弱火で5分ほど焼き、裏返して、さらに弱火で4分ほど焼く。

7 皿に盛り、食べやすい大きさに切って、とんかつソースをかける。

ポイント

オリーブオイルを染み込ませたパン粉を使うことで、少量の油で揚げ物ができる！

焼く前

揚げてないのに
外はサクサク、中は柔らか

HSMサイズの
皮パリジャンボ餃子

ly rona's Recipe 2

再生回数122万回！

包まない餃子

＃キャベツ多めギョウザを作ってハイボールをキメるだけの動画

材料（1回分）

餃子の皮……1袋（25枚入り）
A 千切りキャベツ（市販）……1袋（150g）
　豚ひき肉……100g
　ニラ……1/4束（25g）
　片栗粉……小さじ1と1/2
　おろしにんにく（チューブ）……適量
　おろししょうが（チューブ）……適量
　しょうゆ……小さじ1
ごま油……適量
餃子のタレ（市販）
または、しょうゆ、ラー油、酢……適量

作り方

1 Aのニラは1cmの長さに刻む。

2 ボウルにAの材料を入れ、よく混ぜる。

3 ホットサンドメーカーにごま油を薄く塗り、餃子の皮の半量（12～13枚）を敷き詰める（フチからはみ出してOK）。

4 3に2を平らになるよう詰め込む。

5 4の上に、具を覆（おお）い隠すように残りの餃子の皮をのせ、はみ出している餃子の皮を内側に折り込む。

6 ホットサンドメーカーを閉じ、中弱火で6分、裏返して5分ほど焼く。裏返すときに水分が出るので、水分を切ること。

7 皿に盛り、餃子のタレを添える。

ポイント

動画のときは冷蔵庫に三つ葉しかなかったので、それで代用したけど、餃子の王道はやっぱりニラ！

焼く前

餃子の概念を一変！
いちいち包まなくても作れる！

ly rone's Recipe 2

再生回数97万回！

レトルトハンバーグを使うから
調味料は一切不要！

メンチカツ

＃セブンの金ハンバーグをメンチカツにしてハイボールをキメるだけの動画

材料（1回分）

チーズインハンバーグ（レトルト）……1袋
パン粉……大さじ4
オリーブオイル……大さじ2

作り方

1 ボウルにパン粉とオリーブオイルを入れてよく混ぜる。

2 ホットサンドメーカーに1の半量を平らに広げ、レトルトのチーズハンバーグをのせる。このとき、残ったソースは捨てずにとっておくこと。

3 残りのパン粉をのせる。

4 ホットサンドメーカーを閉じ、中弱火で4分ほど焼き、裏返してさらに4分ほど焼く。

5 皿に盛り、食べやすい大きさに切って、温めた2のソースをかける。

焼く前

残ったソースも余さず使う！
レトルトのハンバーグを
メンチにリメイク

さけるスモークチーズが
意外といい仕事をします！

▶ 再生回数92万回！

チーズインハッシュドポテト

＃ホットサンドメーカーでチーズインハッシュドポテトを焼いてストゼロをキメるだけの動画

材料（1回分）

ハッシュドポテト（チルド）……４枚
さけるスモークチーズ……１パック（２本入り）
サラダ油……適量
ケチャップ、マスタード、タバスコ、マヨネーズなど……お好みで

作り方

1 ホットサンドメーカーにサラダ油を薄く塗り、ハッシュドポテト２枚を並べる。

2 1にさけるスモークチーズを１本ずつのせる。

3 2に残りのハッシュドポテトを１枚ずつのせ、ホットサンドメーカーを閉じ、裏返しながら、中弱火で10分ほど焼く。

4 器に盛って半分に切り、お好みでケチャップ、マスタードなどをつける。

ポイント

動画では焼くときに串に刺しているけど、そのままでキレイに作れますよ！

焼く前

ハッシュドポテトに
チーズINしたら
絶望的なおいしさに！

▶ 再生回数87万回！

ピザを強引に丸めると、
コンビニで人気なあの商品みたいに！

丸ゲリータピザ

＃欲望に忠実な絶望的に頭が悪い丸めたマルゲリータを
焼いてハイボールをキメるだけの動画

材料（1回分）

マルゲリータピザ（チルド）……1枚（190g）
ガーリックソーセージ……1本
さけるチーズ……1本
サラダ油……適量
マキシマム……適量
タバスコ……お好みで

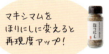

マキシマムを
ほりにしに変えると
再現度アップ！

作り方

1 ホットサンドメーカーに薄くサラダ油を塗り、マルゲリータピザをのせる。

2 1の中央に、ソーセージを横に並べる。

3 2にさけるチーズを適当に割いてのせ、マルゲリータピザに付属のソースをかけ、マキシマムを振る。

4 ピザのはみ出した部分を、具材を包むように折る。

5 ホットサンドメーカーを閉じ、裏返しながら中弱火で8～10分焼く。

6 皿に盛り、食べやすい大きさに切って、お好みでタバスコをかける。

焼く前

大きいピザに
ソーセージを入れた
新感覚のホットスナック

ly rone's Recipe 2

▶ 再生回数122万回！

焼きそばとタコ焼き、
合体させるとこうなります

タコ焼きそば

＃ホットサンドメーカーでカップ焼きそばのタコ焼きを作るだけの動画

材料（1回分）

カップ焼きそば……1個
ゆでダコ（ぶつ切り）……足2本分
卵……1個
小麦粉……大さじ2
チキンコンソメ（顆粒）……小さじ1
水……大さじ4
サラダ油……適量
ソース、かつお節……適量

作り方

1 カップ麺のフタを全部外し、付属の粉末ソースなどを取り出す。

2 麺の上に、はがしたフタをのせて、その上からグーで麺を砕く。

3 2に卵、小麦粉、チキンコンソメ、水を入れてよく混ぜる。

4 ホットサンドメーカーに薄くサラダ油を塗り、3の半量を敷き詰める。

5 4の上にタコをのせ、タコが隠れるように残りの3をのせる。

6 ホットサンドメーカーを閉じ、裏返しながら中弱火で8〜10分焼く。

7 器に盛り、付属の粉末ソース、ソース、かつお節をかけ、食べやすい大きさに切る。

ポイント

動画のように、コンソメスープ付きカップ焼きそばがあれば、材料のチキンコンソメの代用になります！

焼く前

頭の悪い
一石二鳥レシピ！

ly_rone's Recipe 2

食べ過ぎ注意!!
甘党が歓喜する悪魔のおやつ！

再生回数145万回！

カロリーモンスター

＃世界滅亡前夜に甘味と酒が好きな人が迷わない為の
カロリーモンスターをキメるだけの動画

※このレシピは、アルコールを含む料理です。

材料（1回分）

メロンパン……1個
チョコクッキーアイスクリーム……1個
バター（切れているタイプ）……1個（10g）
はちみつフレーバーのウイスキー（リキュール）……適量

作り方

1 ホットサンドメーカーにバターを入れて火にかけて溶かし、全体にのばす。

2 1にメロンパンを置いてフタを閉じ、裏返しながら、弱火で４分ほど焼く。

3 火からおろして４つに切り、皿に盛る。

4 3にチョコクッキーアイスクリームをのせ、はちみつフレーバーのウイスキーをかける。

ポイント

メロンパンは焦げやすいので注意！　弱火で、時々フタを開けて様子を見ながら焼こう。

焼く前

カルーアミルクと
セットでどうぞ！

ly_rone's Recipe 2

再生回数73万回！

フライパンやオーブンより
ラクにステーキが焼ける！

ステーキ串

＃ホットサンドメーカーで1ポンドくらいの牛肉を焼くだけの動画

材料（1回分）

牛肉（ステーキ用）……1枚（390g）
マキシマム……適量
牛脂……1個（7g）
ステーキソース（市販）……お好みで

作り方

1 等間隔で牛肉に串を刺し、串と串の間を切って4本のステーキ串を作る。

2 ホットサンドメーカーに牛脂を入れ、火にかけて溶かしながら全体に塗り、1を並べる。

3 ホットサンドメーカーを閉じ、裏返しながら中弱火で16分ほど焼く。このとき、脂や水分がかなり出るので、捨てながら焼くこと。

4 火からおろし、マキシマムを振る。

5 お好みで市販のステーキソースをつけて食べる。

ポイント

工程4のときに、肉が生焼けだったら、ホットサンドメーカーのフタを閉じて放置すると、予熱で火が通ります。

焼く前

分厚い肉を串に刺して
ただ焼くだけ！
これぞソロキャンの醍醐味

ly_rone's Recipe 2

▶ 再生回数85万回！

タレをしっかり絡めて
焼くのがポイント

ジンギスカン串

＃ホットサンドメーカーでジンギスカン串を焼いてサッポロをキメるだけの動画

材料（1回分）

ジンギスカン用ラム肉……200g
サラダ油……適量
ジンギスカンのタレ（市販）……大さじ３

作り方

1. ラム肉を蛇腹（じゃばら）の状態で串に刺していく（ポイント参照）。これを４本作る。
2. ホットサンドメーカーにサラダ油を薄く塗り、1を並べる。
3. ホットサンドメーカーを閉じ、中弱火で４分ほど焼き、裏返してさらに４分ほど焼く。
4. ホットサンドメーカーを開いてジンギスカンのタレをかけ、串を回してよく絡める（タレがはねるので注意！）。

ポイント

ラム肉は広げず、写真のようにクネクネさせて串に刺すこと！

焼く前

PART 3

「うまい！」が約束された

絶望的に頭が悪い HSM（ホットサンドメーカー）レシピ

HSMサイズで作る
チーズ入り特大ナゲット

投げやりチーズナゲット

#投げやりナゲットを焼いてハイボールをキメるだけの動画

材料(1回分)

鶏ひき肉……150g
から揚げ粉……大さじ1
マキシマム……適量
溶けるスライスチーズ……2枚
サラダ油……適量
ケチャップ……お好みで

作り方

1 ボウルに鶏ひき肉、から揚げ粉、マキシマムを入れて混ぜる。

2 ホットサンドメーカーにサラダ油を塗り、なるべく平らに1の半量をのせる。

3 2に溶けるスライスチーズをのせ、チーズを隠すように、残りの1をなるべく平らにのせる。

4 ホットサンドメーカーを閉じ、中弱火で5分ほど焼き、裏返して、さらに4分ほど焼く。

5 食べやすい大きさに切り、好みでケチャップをつける。

焼く前

HSMサイズで作る チーズ入り特大ナゲット

ly_rone's Recipe 2

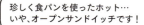

珍しく食パンを使ったホット…
いや、オープンサンドイッチです！

チーズハンバーグ on パン

＃絶望的に頭が悪いチーズハンバーグを焼くだけの動画

材料(1回分)

生ハンバーグ(市販)……1個
溶けるスライスチーズ……5枚
ハーフベーコン……1パック(5枚)
食パン……1枚
サラダ油……適量

作り方

1 ホットサンドメーカーにサラダ油を薄く塗り、左半分のスペースに生ハンバーグを入れる。

2 ホットサンドメーカーを閉じ、中弱火で6分ほど焼き、裏返して、さらに4分ほど焼く。

3 ホットサンドメーカーを開き、空いているスペースにベーコンをおく。

4 3のハンバーグとベーコンを覆(おお)うように、溶けるスライスチーズをのせる。

5 ホットサンドメーカーを閉じて裏返し、チーズが溶けるまで弱火で1分ほど焼く。

6 グツグツしてきたら、食パンをのせる。

7 ホットサンドメーカーを閉じ、裏返しながら弱火で2分ほど焼き、火からおろす。

焼く前

ハンバーグとベーコンのチーズの海に
パンも沈めて豪快に焼く

ly rone's Recipe 2

油揚げが何かと
いい仕事をします

豚キムチーズ

#豚キムチーズを焼いてハイボールをキメるだけの動画

材料（1回分）

豚バラ肉……200g
白菜キムチ……200g
刻み油揚げ……2枚分
溶けるスライスチーズ……1枚

作り方

1. ホットサンドメーカーに、豚バラ肉を広げる。
2. 1の上に白菜キムチと、刻み油揚げの半量をのせる。
3. 2の上に溶けるスライスチーズをのせ、残りの刻み油揚げをのせる。
4. ホットサンドメーカーを閉じ、弱火で2分ほど焼き、裏返して、さらに弱火で2分ほど焼く。
5. 豚バラ肉側を上にして火からおろし、肉で具を包むようにして食べる。

焼く前

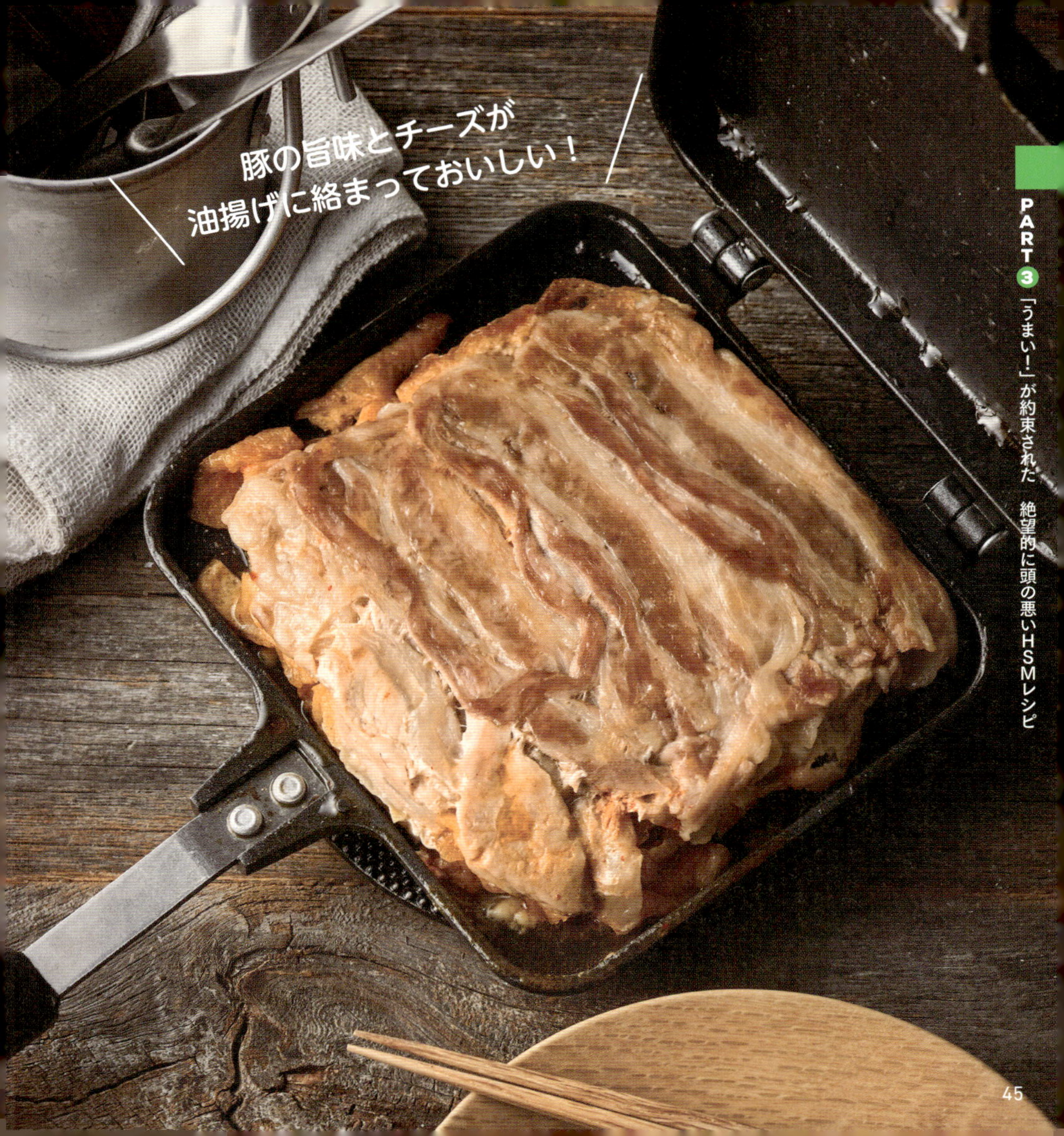
豚の旨味とチーズが
油揚げに絡まっておいしい！

ly tone's Recipe 2

さらに「罪」を
重ねてみました

罪なピザ

＃非常に手のかかる上に繊細な料理「罪」をアレンジして
モザイク缶をキメるだけの動画

材料(1回分)

マルゲリータピザ(チルド)……1枚(190g)
溶けるスライスチーズ……3枚
あらびきウインナー……4本
白菜キムチ……80g
サラダ油……適量
マヨネーズ、タバスコ……お好みで

作り方

1 マルゲリータピザの中央部分に、溶けるスライスチーズ2枚とあらびきウインナーをのせる。

2 ホットサンドメーカーに薄くサラダ油を塗り、1を崩さないようホットサンドメーカーに移動する。

3 2にキムチをのせ、さらに残りの溶けるスライスチーズをのせる。

4 ピザのはみ出した部分を、具材を包むように内側に折り込む。

5 ホットサンドメーカーを閉じ、裏返しながら、中弱火で8分ほど焼く。

6 皿に盛り、食べやすい大きさに切る。お好みでマヨネーズやタバスコをかけてもOK。

焼く前

リスペクトする本家の「罪」を
HSMでぼく流にアレンジしました！

にんにくの芽は
お好みでマシマシしてOK

ソーセージにんにくマシマシ

＃ホットサンドメーカーでガーリックソーセージニンニクマシマシするだけの動画

材料（1回分）

にんにくの芽……90g
ガーリックソーセージ……3本（180g）
サラダ油……適量

作り方

1 にんにくの芽は、ホットサンドメーカーに入るサイズに切る。

2 ホットサンドメーカーにサラダ油を薄く塗り、ソーセージとにんにくの芽を交互に置く。

3 ホットサンドメーカーを閉じ、裏返しながら、中弱火で6分ほど焼く。

焼く前

焼く前

パスタソースは
調味料としても使えて便利！

ペペロンチーノ
チキンバー

＃ペペロンチーノチキンバーを焼いて
キメるだけの動画

材料(1回分)

鶏手羽中(半割り)……16本
パスタ用のペペロンチーノソース
……1袋(22g)
サラダ油……適量

作り方

1 ホットサンドメーカーにサラダ油を薄く塗り、鶏手羽中をなるべく重ならないように並べる。

2 ホットサンドメーカーを閉じ、中弱火で5分ほど焼き、裏返して、さらに4分ほど焼く。

3 火を止めてホットサンドメーカーを開き、ペペロンチーノソースをかける。

4 再びホットサンドメーカーを閉じ、ペペロンチーノソースが全体に馴染むように軽く振る。

ポイント

パルメザンチーズやタバスコをかけても good ！

ly roma's Recipe 2

豚バラ＆長ねぎ
最強説！

豚バラのねぎ巻き焼き

＃野菜の日なのでネギ２本に豚スライスを巻いてハイボールをキメるだけの動画

材料（1回分）

長ねぎ……2本
豚バラ肉……6枚
マキシマム……適量

作り方

1 長ねぎは青い部分と白い部分に分け、白い部分を3等分にする。

2 1に豚バラ肉を巻きつける。1の長ねぎ1本につき、豚バラ肉1枚の配分。

3 ホットサンドメーカーに2を並べ、マキシマムを振る。

4 ホットサンドメーカーを一旦閉じ、裏返して、反対側にもマキシマムを振る。

5 ホットサンドメーカーを閉じ、中弱火で4分ほど焼き、裏返して、さらに3分ほど焼く。

6 半分に切って器に盛る。

ポイント

使わなかった長ねぎの青い部分で、青ねぎソースを作って肉巻きにかけてもおいしい！

焼く前

旨味たっぷりの
無限に食べられるおいしさ

ly rone's Recipe 2

市販の千切りキャベツを
使うと手間なく作れます

とん平焼き

＃ホットサンドメーカーでとん平焼きを作り、
割箸の折れなかった世界線に移動するだけの動画

材料（1回分）

豚バラ肉……100g
卵……1個
千切りキャベツ（市販）……150g
マキシマム……適量
ソース、青のり、かつお節……適量

作り方

1 豚バラ肉はマキシマムを振っておく。卵はボウルに割り入れてマキシマムを振り、溶き卵にしておく。

2 ホットサンドメーカーに豚バラ肉をのせ、上から溶き卵をかける。

3 2の上に、千切りキャベツをのせる。

4 ホットサンドメーカーを閉じ、中弱火で4分ほど焼き、裏返して、さらに4分ほど焼く。

5 器に盛り、ソース、青のり、かつお節をかける。

ポイント

サラダ油を塗らなくても、豚バラ肉から脂が出るので焼けますが、くっつきそうなら塗りましょう。溶けるチーズをトッピングして焼いてもおいしいので、1枚目は普通に、2枚目はチーズのせにしても◎。

焼く前

卵で包まない
超ズボラおつまみ

ハンバーグを焼きながら
タレも完成させます

肉巻きハンバーグ

#肉巻きハンバーグを焼いて
アーマードハイをキメるだけの動画

材料（1回分）

生ハンバーグ（市販）……2個
豚バラ肉……2〜4枚
サラダ油……適量
焼肉のタレまたはハンバーグソース（市販）
　……適量

作り方

1. 生ハンバーグの縁に、豚バラ肉を1周巻く。
2. ホットサンドメーカーにサラダ油を塗り、1を並べる。
3. ホットサンドメーカーを閉じ、中弱火で6分ほど焼き、裏返して、さらに4分ほど焼く。
4. ホットサンドメーカーを開けて焼肉のタレをかけ、中火で20秒ほど加熱し、火からおろす。

焼く前

厚すぎると火が通らないので
叩いて薄さを均等に！

てりやきむねチキン

＃チタタプ照り焼きムネチキンを
ハイボールでキメるだけの動画

材料(1回分)

鶏むね肉……1枚(260g)
片栗粉……大さじ2
てりやきのタレ(市販)……大さじ2
ごま油……適量
ラー油……お好みで

作り方

1 鶏むね肉は包丁の背で叩いて、なるべく均等な厚みにし、両面にしっかりと片栗粉をまぶす。

2 ホットサンドメーカーにごま油を塗り、1を置く。

3 ホットサンドメーカーを閉じ、中弱火で8分ほど焼き、裏返して、さらに7分ほど焼く。

4 ホットサンドメーカーを開き、てりやきのタレをかけ、スプーンなどでのばす。

5 フタを閉じ、裏返しながら、さらに中弱火で1分ほど焼く。

6 器に盛り、食べやすい大きさに切る。お好みでラー油をかけてもOK。

焼く前

砂肝はお手頃で食感もいいので
つまみにもご飯にも◎

砂肝のごま油焼き

#砂肝をクロスパとゴマ油で蒸焼きにしてストゼロをキメるだけの動画

材料（1回分）

砂肝……100g
マキシマム……適量
ごま油……大さじ1

作り方

1. 砂肝は食べやすい大きさに切る。
2. ホットサンドメーカーに、なるべく重ならないように**1**を並べ、マキシマムを振り、ごま油を回しかける。
3. ホットサンドメーカーを閉じ、中弱火で3分ほど焼き、裏返して、さらに3分ほど焼く。

焼く前

多めの片栗粉でサクサク感UP！

パリパリ鶏皮

#トリカーワ オブ クロセを紅く染めて
ハイボールをキメるだけの動画

材料（1回分）

鶏皮……150g
片栗粉……大さじ2
マキシマム……適量
一味唐辛子……お好みで

作り方

1 ホットサンドメーカーに鶏皮と片栗粉を入れて混ぜる。

2 1をなるべく平らにし、ホットサンドメーカーを閉じて、中弱火で5分ほど焼き、裏返して、さらに5分ほど焼く。

3 器に盛り、マキシマムを振る。

4 お好みで、一味唐辛子をかけてもOK。

焼く前

オーブンがなくても、
簡単に短時間で骨付き肉が焼けます

骨付き肉 焼いただけ

＃ホットサンドメーカーでマキシマった
スペアリブを焼くだけの動画

材料（1回分）

スペアリブ用肉……6本（300g）
マキシマム……適量
オリーブオイル……適量

作り方

1 スペアリブ用肉にマキシマムを振る。

2 ホットサンドメーカーにオリーブオイルを薄く塗り、1を並べる。

3 ホットサンドメーカーを閉じ、中弱火で8分ほど焼き、裏返して、さらに中火で6分ほど焼く。このとき、水分がかなり出るので、捨てながら焼くこと。

焼く前

かいわれ大根の代わりに
小ねぎや万能ねぎでもOK

豚タン焼き

#ネギタン塩を裏返さずに
「よろしく」キメるだけのどうが

材料(1回分)

豚タン……150g
ねぎ塩(チューブ)……適量
長ねぎ……1/4本
かいわれ大根……適量
ごま油……大さじ1

作り方

1 ホットサンドメーカーにごま油をひき、なるべく重ならないように豚タンを並べる。

2 1の豚タン1枚ずつに、チューブのねぎ塩をしぼる。

3 2の上に、薄い斜め切りにした長ねぎをのせる。

4 ホットサンドメーカーを閉じ、そのまま中弱火で5分ほど焼く。裏返さないこと!

5 火からおろし、かいわれ大根をのせる。

焼く前

皮2枚使いでパリパリ！
ニラたっぷりなジャンボ春巻き

「春巻きとは？」
なんて考えてはいけない

巻かない春巻き

#ニラたっぷり春巻きを焼いて第三のやつをキメるだけの動画

材料(1回分)

豚ひき肉……100g
ニラ……1/2束(50g)
春巻きの皮……4枚
しょうが(チューブ)……5cm
マキシマム……適量
しょうゆ……適量
ごま油……適量
タレ(しょうゆ、ラー油)……適量

作り方

1 ニラは、細かく切っておく。

2 ボウルに豚ひき肉と1、しょうが、マキシマム、しょうゆを入れてよく混ぜる。

3 ホットサンドメーカーにごま油を薄く塗り、春巻きの皮2枚を重ねてのせる。この時点では、ホットサンドメーカーからはみ出したままでOK。

4 3の上に、なるべく平らに2をのせる。

5 4の上に春巻きの皮2枚を重ねてのせ、3ではみ出した春巻きの皮を内側に折り込む。

6 ホットサンドメーカーを閉じ中弱火で4分ほど焼き、裏返して、さらに4分ほど焼く。

7 皿に盛り、食べやすい大きさに切り、しょうゆとラー油のタレをつけて食べる。

ポイント

焼いている途中で、フタを開けてごま油を追加すると、皮がパリパリに焼きあがります。

焼く前

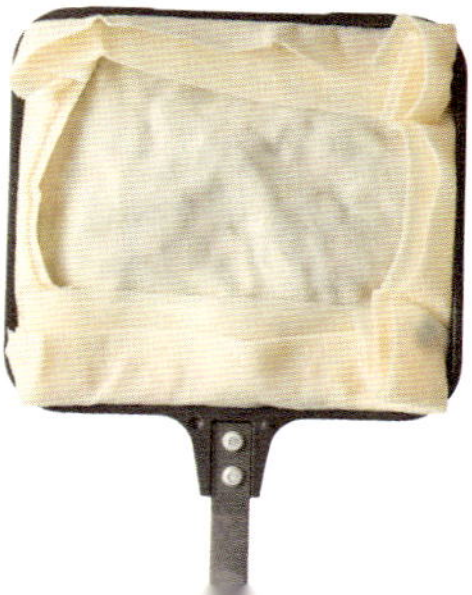

れんこんとひき肉
の相性は抜群！

れんこんのサクっとした
食感が楽しめます

れんこんの肉詰め

＃ホットサンドメーカーでレンコンの肉詰めを焼いてハイボールをキメるだけの動画

材料（1回分）

下ゆで済みれんこん（市販）……1袋（100g）
豚ひき肉……200g
卵……1個
シーズニング（ハンバーグ用）……1袋（7g）
小麦粉……大さじ1
千切りキャベ（市販）……30g
片栗粉……小さじ2
サラダ油……適量
ソースやタバスコなど……お好みで

作り方

1 れんこんは水を切っておく。カットしていないものを使う場合は、5mm幅で12枚くらいに切っておく。

2 ボウルに豚ひき肉と卵を入れ、シーズニングを加える。

3 2に小麦粉と千切りキャベツを加えて、粘り気が出るまで混ぜ合わせる。

4 ホットサンドメーカーにサラダ油を薄く塗り、れんこんを6枚くらい、なるべく重ならないように並べる。

5 4の上に3をなるべく平らに広げ、さらにれんこんを6枚くらい並べる。

6 5に片栗粉の半量を振り、ホットサンドメーカーを一旦閉じて裏返し、反対側に残りの片栗粉を振る。

7 ホットサンドメーカーを一旦閉じ、中弱火で5分ほど焼き、裏返して、さらに5分ほど焼く。

8 器に盛って食べやすい大きさに切り、お好みでソースやタバスコなどをかける。

ポイント

れんこんをピーマンにして作ってもOKです。

焼く前

麻婆豆腐の素にねぎを
加えるだけでおいしさアップ！

動画と使うホットサンドメーカーを変えたので、
作り方をアレンジしました！

焼き麻婆茄子

＃ホットサンドメーカーで麻婆茄子を焼いてスープードロィをキメるだけの動画

材料(1回分)

なす……中３本
麻婆豆腐の素(レトルト)……1袋
片栗粉……大さじ2
刻みねぎ(市販)……1パック
ごま油……大さじ2

作り方

1 なすはヘタを切り落とし、1.5cmくらいの斜め切りにする。

2 ホットサンドメーカーに片栗粉を広げ、なすを１～２枚ずつ入れていき、片栗粉をまんべんなく絡める。

3 すべてのなすに片栗粉をまぶしたら、ごま油を回しかける。

4 ホットサンドメーカーを閉じ、中弱火で4分ほど焼き、裏返して、さらに3分ほど焼く。

5 ホットサンドメーカーを開き、麻婆豆腐の素と刻みねぎを入れてさらに火にかけ、ねぎがしんなりするまで弱火で軽く炒める。

焼く前

ちょっと焦がした
にんにくしょうゆが決め手！

白菜をキャベツに変えた
ミルフィーユ鍋のHSM版

豚とキャベツのミルフィーユ焼き

#ズボラ豚キャベツミルフィーユを焼いてスープードロィをキメるだけの動画

材料（1回分）

キャベツ……小さめ1/2個(300g)
豚ロース……6枚(150g)
ステーキしょうゆ(にんにく風味)……適量
サラダ油……適量

作り方

1 キャベツは、1枚1枚剥がさず、そのまま1cm幅に切る。

2 ホットサンドメーカーにサラダ油を薄く塗り、1のキャベツを適量で置き、その上に豚ロースを2枚置く。

3 2の手法で、キャベツと豚ロースを重ね、最後が豚ロースになるようにする。このとき、どちらかの材料が多いようであれば、途中で量を増やすなどして重ねてもOK。

4 ホットサンドメーカーを閉じ、中弱火で5分ほど焼く。このとき、最初はフタが完全に閉まらなくてもOK。閉じるようになったら、しっかり留め金をはめること。

5 隙間から余分な水分を捨てながら焼き、裏返してさらに5分ほど焼く。

6 ホットサンドメーカーを開けてステーキしょうゆをかけ、フタを開けたまま弱めの中火で20秒ほど加熱し、火からおろす。

焼く前

焼き鳥でおなじみの
せせりを使った
ちょっと変わった野菜炒め

肉肉しいせせりが
いい味を出してます

せせりとキャベツ焼き

#セセリとキャベツとかを焼いてラガーをキメるだけの動画

材料（1回分）

鶏せせり……8切れ（120g）
野菜炒め用カット済み野菜（市販）……150g
ペースト状の香味調味料（チューブ）……8cm程度
サラダ油……適量

作り方

1 ホットサンドメーカーにサラダ油を薄く塗り、カット野菜を入れる。

2 1の上に鶏せせり肉を並べ、ホットサンドメーカーを閉じ、中弱火で5分ほど焼き、裏返してさらに4分ほど焼く。このとき、水分がかなり出るので捨てながら焼くこと。

3 せせり側を上にしてホットサンドメーカーを開き、香味調味料をのせる。

4 ホットサンドメーカーを閉じ、裏返しながら、さらに中火で1分ほど焼く。

5 香味調味料が全体に馴染んだら、火からおろす。

ポイント

香味調味料は、四隅と真ん中にちょんと入れていくと、味が全体に回りやすくなります。

焼く前

「ニラレバ炒め」ならぬ
「ニラレバ焼き」！

ニラレバ

＃ニラレバ炒めをスープードロィで
キメるだけの動画

材料（1回分）

ニラ……1束
豚レバー（焼肉用）……150g
ごま油……大さじ1
焼肉のタレ（市販）……大さじ1

作り方

1 ニラは、5cmくらいの長さに切る。

2 ホットサンドメーカーに豚レバーを並べ、レバーが隠れるように1をのせ、ごま油を回しかける。

3 ホットサンドメーカーを閉じ、中弱火で4分ほど焼き、裏返して、さらに3分ほど焼く。このとき、水分がかなり出るので捨てながら焼くこと。

4 3に焼肉のタレをかけて20秒ほど加熱し、火からおろす。

焼く前

最後にタレをかけることで
大根にいい感じで染み込みます

豚のしょうが焼き

#ダイコンサラダとブタロースを生姜蒸焼きにしてナマをキメるだけの動画

材料(1回分)

カット済み大根サラダ(市販)……1袋(125g)
豚ロース肉……5枚
しょうが焼きのタレ(市販)……大さじ2
サラダ油……適量

作り方

1 ホットサンドメーカーにサラダ油を薄く塗り、なるべく平らにカット済み大根サラダを入れ、その上に豚ロース肉を並べる。

2 ホットサンドメーカーを閉じ、中弱火で5分ほど焼き、裏返して、さらに中火で4分ほど焼く。このとき、大根から水分が出るので捨てながら焼くこと。

3 ホットサンドメーカーを開いて、しょうが焼きのタレをかける。

4 再びホットサンドメーカーを閉じ、裏返しながら、さらに中火で1分ほど焼く。

焼く前

タルタルソースがよく合う
絶品コロッケ！

じゃがいもとにんじんの水煮パックは
いろいろ作れて汎用性高し！

フィッシュ＆チップスコロッケ

#フィッシュ＆チップスを焼いてハイボールをキメるだけの動画

材料（1回分）

じゃがいも・にんじんの水煮パック（市販）
……1袋（240g）
白身魚の切り身（皮なし・骨取り）……3切れ
塩、こしょう……適量
小麦粉……大さじ3
パン粉……30g
オリーブオイル……大さじ2
タルタルソース（市販）……適量
レモン汁、タバスコ……お好みで

作り方

1 じゃがいも・にんじんの水煮パックは、水をよく切っておく。

2 ボウルに1と白身魚の切り身を入れ、スプーンなどでつぶし、塩、こしょう、小麦粉を加えてよく混ぜ合わせる。

3 別のボウルにパン粉とオリーブオイルを入れてよく混ぜる。

4 ホットサンドメーカーに3の半量を広げ、その上に平らになるように2をのせ、最後に残りの3をのせる。

5 ホットサンドメーカーを閉じ、中弱火で5分ほど焼き、裏返して、さらに4分ほど焼く。

6 火から下ろしてホットサンドメーカーを開き、キッチンペーパーで油を切る（112ページ参照）。

7 皿に盛り、市販のタルタルソースを添える。お好みでレモン汁、タバスコをかけてもOK。

焼く前

好相性な三つ巴！
お酒もご飯もすすむ！

バターしょうゆでも
おいしくできます

鮭えのきバター焼き

＃シャケとエノキをバターしてからハイボールをキメるだけの動画

材料（1回分）

生鮭の切り身……2切れ
えのきだけ……1束（100g）
マキシマム……適量
バター……10g

作り方

1 えのきだけは石づきを切り落とし、ほぐしておく。

2 ホットサンドメーカーに鮭を並べ、えのきだけをのせる。

3 2にマキシマムを振り、バターをのせる。

4 ホットサンドメーカーを閉じ、中弱火で4分ほど焼き、裏返して、さらに3分ほど焼く。

5 えのきだけ側を上にして火からおろす。

焼く前

魚焼きグリルより手間なし
あと片付けもラク！

HSMで焼き魚（サバ編）

＃焼きそ…さばを焼いて
日本酒で流し込むだけの動画

材料（1回分）

塩サバ……半身分
しょうゆ……適量

作り方

1. サバは、半分に切る。
2. ホットサンドメーカーにサバを並べる。
3. ホットサンドメーカーを閉じ、中弱火で4分ほど焼き、裏返してさらに3分ほど焼く。
4. ホットサンドメーカーを開き、しょうゆをかけ、10秒ほど加熱したら、火からおろす。

焼く前

ポイント

サバなど脂の多い魚の場合はそのまま焼いてOKですが、切り身や脂の少ない魚を焼く場合、くっつく可能性があるので、ホットサンドメーカーに薄く油を塗って焼いたほうがベターです。

焼く前

なんと、サンマは半分に切るといい感じにHSMに収まります

HSMで焼き魚（サンマ編）

＃ホットサンドメーカーでサンマ２匹を焼いてハイボールをキメるだけの動画

材料（1回分）

サンマ……2尾
しょうゆ……適量

作り方

1 サンマは半分に切る。

2 ホットサンドメーカーにサンマを並べる。

3 ホットサンドメーカーを閉じ、中弱火で4分ほど焼き、裏返してさらに3分ほど焼く。

4 ホットサンドメーカーを開き、しょうゆをかけ、10秒ほど加熱したら、火からおろす。

Ly zone's Recipe 2

さけるチーズが
いい具合に溶けてくれます

チーズインガーリックチャーハン

#チーズ イン ガーリックチャーハンを固めてハイボールをキメるだけの動画

材料(1回分)

冷凍チャーハン……300g
さけるチーズ(スモーク)……1パック(2本入り)
ガーリックスライス(ドライタイプ)……適量

作り方

1 ホットサンドメーカーに、冷凍チャーハンの半量を平らに入れる。

2 1の上に、適当にさいたさけるチーズをのせる。

3 2の上に、チーズを覆うように残りの冷凍チャーハンをのせ、ガーリックスライスを散らす。

4 ホットサンドメーカーを閉じ、中弱火で6分ほど、裏返しながら焼き色がつくまで焼く。

5 器に盛り、食べやすい大きさに切る。

ポイント

動画では、最初に牛脂でガーリックスライスを炒めてからチャーハンを入れていますが、ガーリックスライスが焦げやすいので、本書ではチャーハンを入れたあとにのせています。どちらの方法でもOKです。

焼く前

冷凍チャーハンをランクアップ！
ガーリックが香る
チーズインチャーハンに

ly_rone's Recipe 2

粉物系は大きめのHSMのほうが作りやすい！

広島リスペクト焼き

#大きいホットサンドメーカーで広島リスペクト焼きをして
ハイボールをキメるだけの動画

材料（1回分）

小麦粉……大さじ2
水……大さじ3
焼きそば麺（蒸し）……1袋
千切りキャベツ（市販）……100g
豚バラ肉……5枚
卵……1個
ソース、青のり、マヨネーズ、かつお節……適量

作り方

1 ホットサンドメーカーに、小麦粉と水を入れてよく混ぜる。

2 1にほぐした焼きそば麺と千切りキャベツを、なるべく平らにのせる。

3 2の中央部を空けるように豚バラ肉で囲い、空いた中央部に卵を割り入れる。

4 ホットサンドメーカーを閉じ、中弱火で5分ほど焼き、裏返して、さらに4分ほど焼く。

5 ホットサンドメーカーを開いてソースをかけ、フタを閉じて裏返し、裏面にもソースを塗る。このとき、スプーンの背などでのばしながら塗るとよい。

6 青のり、マヨネーズ、かつお節をかけて、火からおろす。

ポイント

動画は大きいホットサンドメーカーを使っていますが、本書では一般的なサイズのホットサンドメーカー用に分量を変えています。

焼く前

ひっくり返すときの心配がない！
広島焼き風HSMメニュー

ly_rone's Recipe 2

関西か広島か、どっちかわからない
とにかく粉ものレシピです

お好みテキトー焼き

#関西とか広島とか知らんけどヤキソバ麺とタマゴが入った粉物を焼いて
ハイボールをキメるだけの動画

材料(1回分)

A 豚バラ肉……3枚
千切りキャベツ(市販)……50g
焼きそば麺(蒸し)……1袋
から揚げ粉……大さじ2
水……大さじ3
卵……1個
サラダ油……適量
ソース、青のり、かつお節、マヨネーズ……適量

作り方

1 ボウルにAの材料を入れて、麺を切りながら混ぜる。水を加えて、さらに混ぜる。

2 ホットサンドメーカーに薄くサラダ油を塗り、1を敷き詰める。

3 2の中央部を少し凹ませて、卵を割り入れる。

4 フタを開けたまま火にかけ、キャベツがしんなりしてきたらフタを閉じ、中弱火で4分ほど焼き、裏返して、4分ほど焼く。

5 器に盛り、ソース、青のり、かつお節、マヨネーズをかける。

ポイント

焼くときに、すぐにフタを閉じると卵が潰れてしまうので、卵に少し火が入るまで、フタを閉じずに焼くのがおすすめ(目安はキャベツがしんなりしたら)。

焼く前

テキトーに焼く！
だからこそおいしい!!

HSMだと、半熟卵と焼きそばが
一気に作れて便利！

目玉焼きそば

＃あたま悪い夜食を煽るだけの動画

材料（1回分）

焼きそば（袋麺）……1個
水……100ml
卵……1個
マヨネーズ……お好みで

作り方

1 ホットサンドメーカーに焼きそばの麺をのせ、水を入れる。

2 火にかけてからホットサンドメーカーを閉じ（水をこぼさないように注意）、中弱火で3分ほど焼く。

3 ホットサンドメーカーを開き、菜箸などで麺を裏返し、再びフタを閉じて中弱火で3分ほど焼く。

4 ホットサンドメーカーを開いて麺をほぐし、付属の粉末ソースをかけて混ぜる。

5 4の中央に卵を割り入れ、再びフタを閉じて、裏返しながら中火で1分ほど焼く。

6 火からおろし、卵が乗っている側を上にして開き、付属の青のりと、好みでマヨネーズをかける。

焼く前

半熟卵が麺に
からんでgood！

ly rone's Recipe 2

動画の方法はちょっと難しいので
作りやすくアレンジしました！

チョコチップフレンチトースト

#フレンチチョコチップスナックを焼いてエスプレッソをキメるだけの動画

材料（1回分）

チョコチップスティックパン……5本
A 卵……1個
　グラニュー糖……小さじ1
　牛乳……大さじ2
メープルシロップ（またははちみつ）……お好みで

作り方

1 ボウルにAの材料を入れ、よく混ぜる。

2 チョコチップスティックパンをホットサンドメーカーに入る大きさにちぎる。

3 ホットサンドメーカーに2を敷き詰め、1の半量をかけて水分を吸わせる。

4 ホットサンドメーカーを一旦閉じて裏返し、再び開けて、残りの1をかける。

5 ホットサンドメーカーを閉じ中弱火で4分ほど焼き、裏返して、さらに4分ほど焼く。

6 器に盛り、食べやすい大きさに切り、お好みでメープルシロップをかける。

焼く前

ちょっと焦げた
チョコチップの
苦味がクセになる

メロンパンとは
別の食べ物になります

ly_rone's Recipe 2

メロンパンのバター焼き

＃HSMでメロンパン焼いてエスプレッソをキメるだけの動画

材料（1回分）

メロンパン……1個
チューブのバター……適量

作り方

1 ホットサンドメーカーの両面にチューブのバターを塗る。

2 1にメロンパンを置いてフタを閉じ、裏返しながら、極弱火で4分ほど焼く。

3 皿に盛り、4等分にする。

ポイント

メロンパンには砂糖とバターがたっぷり含まれているため、非常に焦げやすいので注意！ 極弱火でときどき中をチェックしながら、焦がさないように焼きましょう。

焼く前

HSMで焼くだけで サクサクメロンパンに変身！

IHクッキングヒーターでHSM料理を作ってみた！

IHは「空焚き防止装置」がついているので、温度が上がりすぎると止まってしまいます。焼き物・揚げ物系はこれが作動しやすいので、注意が必要です。逆に、ホットケーキやお好み焼きなどは一定の温度で焼けるのでおすすめです。器具によっても変わるため、焼き加減や温度などを確認しながら、試してみてください。

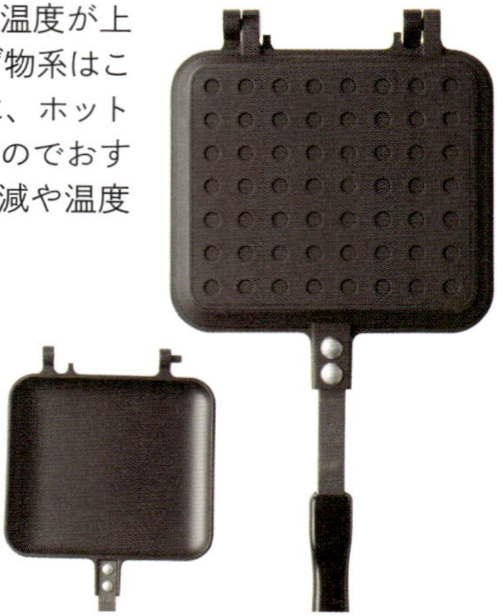

和平フレイズ
あつほかダイニング IH 対応ホットサンドパン
¥4,400（税込）

コンパクトでシンプルなIH対応のホットサンドメーカー。食パンの耳を切り落とさずに入れられるサイズ感が◎。仕切りのないシングルタイプなので食材もたっぷり入ります。カスコンロでも使用可能。

IHで焼き鳥

串が焦げないのはIHのメリット！

IHクッキングヒーターとIH対応ホットサンドメーカーで焼き鳥をしてハイボールをキメるだけの動画

材料（1回分）

生の焼き鳥……4本
焼肉のタレ（市販）……適量
サラダ油……適量

作り方

1. ホットサンドメーカーにサラダ油を薄く塗り、焼き鳥を並べる。
2. ホットサンドメーカーを閉じ、中弱火で6分ほど焼き、裏返して、さらに6分ほど焼く。
3. ホットサンドメーカーを開き、焼肉のタレをかける（はねるので注意！）。
4. フタを開けたまま、タレを絡めながら弱火焼き、その後、フタを閉じて弱火で20秒ほど加熱する。

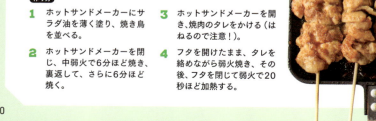

PART 4

手軽にパパっと作れる！

コンビニ&冷凍食品のHSM(ホットサンドメーカー)レシピ

ly_rone's Recipe 2

お好みでもっと焦がしてもOK！
香ばしさがアップします

エビマシマシピラフ

＃セブンの冷凍エビピラフ（エビマシマシ）を焼いてハイボールをキメるだけの動画

材料（1回分）

エビピラフ(冷凍)……1袋(170g)
エビチリ(チルド)……1袋(140g)
温泉卵……1個
サラダ油……適量

作り方

1 ホットサンドメーカーにサラダ油を薄く塗り、エビピラフの半量を平らに敷き詰める。

2 1にエビチリをのせ、その上に残りのエビピラフをのせる。

3 ホットサンドメーカーを閉じ、裏返しながら中弱火で7～8分焼く。

4 器に盛って食べやすい大きさに切り、温泉卵をのせる。

ポイント

表面に焦げがつくくらい焼いたほうがおいしいので、様子を見ながら時間調整をしましょう！

焼く前

エビ倍増で
プリプリ度もアップ！

ly_rone's Recipe 2

丸めない、味付けもいらない
ズボラコロッケ！

明太ミートコロッケ

＃ファミマ惣菜を明太ミートコロッケにしてハイボールをキメるだけの動画

材料（1回分）

ミートボール（チルド）……1パック
明太ポテトサラダ（市販）……1パック
パン粉……30g
オリーブオイル……大さじ2
タバスコ……お好みで

作り方

1. ボウルにミートボールと明太ポテトサラダを入れ、スプーンなどでつぶして混ぜる。
2. 別のボウルにパン粉とオリーブオイルを入れてよく混ぜる。
3. ホットサンドメーカーに2の半量を広げ、その上になるべく平らになるように1をのせ、残りのパン粉をのせる。
4. ホットサンドメーカーを閉じ、中弱火で４分、裏返してさらに４分ほど焼く。
5. 皿に盛り、お好みでタバスコをかける。

焼く前

コンビニ惣菜を活用すれば
サクッと作れる

温泉卵はなくてもOK！

大学いもから揚げ

＃ファミマ唐揚げと大学いもで
ハイボールをキメるだけの動画

材料（1回分）

タレづけから揚げ（冷凍）……1袋（160g）
大学いも（冷凍）……1袋（90g）
温泉卵……1個
サラダ油……適量

作り方

1 ホットサンドメーカーにサラダ油を薄く塗り、タレづけから揚げと大学いもを入れる。

2 ホットサンドメーカーを閉じ、裏返しながら、弱火で5分ほど焼く。

3 火からおろし、温泉卵をのせる。

焼く前

シャカシャカポテト風に
味をつけてみました！

フライドポテト

＃合法スパイス漬けにされたフライドポテトを金麦でキメるだけの動画

材料(1回分)

冷凍フライドポテト
(シューストリングタイプ)……150g
オリーブオイル……大さじ1
マキシマム……適量

作り方

1 ホットサンドメーカーに冷凍フライドポテトを並べ、オリーブオイルを回しかける。

2 ホットサンドメーカーを閉じ、裏返しながら、中弱火で8分ほど焼く。少し振りながら焼くとよい。

3 ホットサンドメーカーを開いてマキシマムをかけ、再びフタを閉めてよく振って、火からおろす。

焼く前

ポイント

マキシマムの代わりに、塩、ハーブソルトなど、好みの調味料に変えてもOK。ケチャップやマスタードはお好みで！

ly rone's Recipe 2

正義のマヨを添えて
よりハイカロリーに！

チーズ on チーズ餃子

＃チーズ GYOZA チーズマシマシを生で流し込むだけの動画

材料（1回分）

冷凍チーズ餃子……1袋（12個）
溶けるスライスチーズ……4枚
サラダ油……適量
マキシマム……適量
マヨネーズ……お好みで

作り方

1 ホットサンドメーカーにサラダ油を塗り、冷凍チーズ餃子を並べる。積み重ねてもOK。

2 ホットサンドメーカーを閉じ、中弱火で5分、裏返してさらに3分ほど焼く。

3 ホットサンドメーカーを開き、溶けるスライスチーズをのせる。

4 チーズ面が上になるように皿に盛る。マキシマムを振り、お好みでマヨネーズを添える。

焼く前

中も外もチーズだらけ！
焼けたチーズもおいしい

レンチンより手間はかかるけど
断然こっちのほうがうまい！

タコ焼き焼いただけ

＃冷凍たこ焼きをチンして食べるより
３倍くらい美味しくして
タイムリープするだけの動画

材料（1回分）

冷凍タコ焼き……９個
オリーブオイル……大さじ１
ソース、マヨネーズ、かつお節……適量

作り方

1 ホットサンドメーカーに冷凍タコ焼きを並べ、オリーブオイルを回しかける。

2 ホットサンドメーカーを閉じ、裏返しながら、中弱火で８分ほど焼く。

3 ホットサンドメーカーを開き、ソース、マヨネーズ、かつお節をかけ、火からおろす。

焼く前

チンしただけのタイ焼きとは
別の食べ物になります

タイ焼き焼いただけ

＃冷凍タイヤキをバターで焼いて
アイスコーヒーをキメるだけの動画

材料（1回分）

冷凍たい焼き……２個
バター……10g

作り方

1 ホットサンドメーカーにバターを入れ、火にかけて溶かし、全体にのばす。

2 **1**に冷凍タイ焼きを並べ、フタを閉じる。裏返しながら弱火で６～８分焼く。

ポイント

冷凍タイ焼きは、バターで焼くと香ばしくてサクサクホクホクに！　縦割りにすると、あんこが平等になるのでシェアがしやすいですよ！

焼く前

料理の幅が広がるお好み焼きメーカー

お好み焼きメーカーは、一般的なホットサンドメーカーより大きめなので、ホットサンドメーカーでは入らない食材を使った料理が作れます。コンビニの冷凍ピザがぴったり収まるサイズ感や、丸型なので、ハンバーグやコロッケなどは、タネを詰め込むだけで自動的に丸く作れるのもいいところ。焼き目がなくフラットなのでフライパン的にも使え、料理の幅も広がる便利なアイテムです。

和平フレイズ　簡単お好みプレート 17.5cm ガス火専用
￥3,850（税込）

専門店のようなきれいな丸型のお好み焼きが、コツ不要で作れます。そのまま裏返せば両面焼きが簡単にできるので、お好み焼きをひっくり返す必要がなく、失敗知らずなのがうれしいところ。

＼ぴったり！／

コンビニの冷凍ピザがぴったり入るサイズ感がいい！　直径約17cmまでのものが入ります。

＼お好み焼き以外にも！／

丸型だから、ただ詰めるだけでジャンボハンバーグやジャンボコロッケも作れます。

冷凍パスタを使った
即席ミートパイです

パスタパイ

#冷凍パスタを春巻かずパイにして
ミドリ缶をキメるだけの動画

材料(1回分)

冷凍生パスタ(クリーミーボロネーゼ)
……1袋(295g)
春巻きの皮……4枚
オリーブオイル……適量
タバスコ……お好みで

作り方

1 お好み焼きメーカーに春巻きの皮を2枚重ねて置く。

2 1に、冷凍生パスタをのせてオリーブオイルをかける。

3 残りの春巻きの皮をのせ、具を包むように内側に折り込む。

4 お好み焼きメーカーを閉じ、中弱火で5分ほど焼き、裏返して、4分ほど焼く。

5 器に盛り、食べやすい大きさに切る。

焼く前

ポイント

中にチーズやベーコンを入れると、さらにgood。

一軒のコンビニで
材料が全部揃えられます！

明太ポテトピザベーコンチーズマシマシ

#明太ポテトピザベーコンチーズマシマシを焼いて
ストゼロレモンをキメるだけの動画

材料(1回分)

マルゲリータピザ(冷凍)……1枚(直径17cm以下のもの)
明太ポテトサラダ(市販)……1パック(100g)
ハーフベーコン……1パック
溶けるスライスチーズ……2枚
オリーブオイル……適量
タバスコ……お好みで

作り方

1. お好み焼きメーカーにオリーブオイルを薄く塗り、マルゲリータピザを置く。
2. 1になるべく平らになるように明太ポテトサラダをのせる。
3. 2にハーフベーコン、溶けるスライスチーズをのせる。
4. お好み焼きメーカーを閉じ、中弱火で4分ほど焼き、裏返して、さらに3分ほど焼く。
5. 皿に盛り、食べやすい大きさに切って、お好みでタバスコをかける。

ポイント

普通のタバスコでもおいしいけど、タバスコスモーク(燻製の香りが入ったタバスコ)を使うと、おいしさがさらにアップ！

焼く前

チーズ、ベーコン、
ポテサラも入った
リロ氏的超贅沢ピザ

ly_rone's Recipe 2

春巻きの皮は、
意外とポテンシャルが高い！

頭の悪いラザニア

#頭悪いラザニアみたいなの焼いてハイボールをキメるだけの動画

材料(1回分)

冷凍生パスタ(クリーミーボロネーゼ)……1袋(295g)
春巻きの皮……4枚
スモークスライスチーズ……2枚
ハーフベーコン……1パック
サラダ油……適量
レモン汁、タバスコ……お好みで

作り方

1 お好み焼きメーカーにサラダ油を薄く塗り、春巻きの皮を2枚重ねて置く。

2 1に、冷凍生パスタ、スモークスライスチーズ、ハーフベーコンの順にのせ、最後に春巻きの皮を2枚のせる。

3 春巻きの皮を、具を包むように内側に折り込む。

4 お好み焼きメーカーを閉じ、中弱火で5分ほど焼き、裏返して、さらに4分ほど焼く。

5 器に盛り、食べやすい大きさに切る。

焼く前

手間のかかるラザニアも
材料を挟んで焼くだけでできる！

ly rone's Recipe 2

ソースで
ひと工夫！

超ズボラハンバーグ

＃超ズボラハンバーグを焼いてハイボールをキメるだけの動画

材料（1回分）

A 牛ひき肉……150g
　千切りキャベツ（市販）……150g
　卵……1個
　パン粉……10g
シーズニング（ハンバーグ用）……1袋（7g）
サラダ油……適量

B 焼肉のたれ（市販）……大さじ2
　ケチャップ……大さじ1

作り方

1 ボウルに**A**の材料を入れ、粘りが出るまでよく混ぜる。

2 **1**にシーズニングを入れ、さらによく混ぜる。

3 お好み焼きメーカーにサラダ油を薄く塗り、**2**を平らに敷き詰める。

4 お好み焼きメーカーを閉じ、裏返しながら、中弱火で10分ほど焼く。

5 焼いている途中で油が出てきたら、お好み焼きメーカーの隙間から、耐熱容器などに出しながら焼く。この油は、ソースを作る際に使うので捨てないこと。

6 ハンバーグを器に盛り、空いたお好み焼きメーカーに**5**の油と**B**の材料を入れ、よく混ぜながら弱火で2分ほど加熱し、ソースを作る（はねるので注意）。

7 皿に盛ったハンバーグに**6**をかける。

ポイント

キャベツの代わりに、市販のオニオンサラダを入れれば、ハンバーグらしい料理になります。

焼く前

超ズボラ系の真骨頂
混ぜて焼くだけ！

じゃがいもとバターとチーズ
だけのシンプルさが逆にウマい！

じゃがバターチーズピザ

＃超ピザっぽいジャガバターチーズ
マシマシを焼くだけの動画

材料（1回分）

じゃがいも……中4個
溶けるスライスチーズ……3枚
バター……10g
オリーブオイル……適量
ピザソース、タバスコ、万能スパイスなど
……お好みで

作り方

1 じゃがいもは皮をむき、ピーラーを使って薄切りにする。

2 お好み焼きメーカーにオリーブオイルを薄く塗り、なるべく平らになるように1を重ねる。

3 お好み焼きメーカーを閉じ、弱火で7分ほど焼き、裏返して、さらに7分ほど焼く。

4 お好み焼きメーカーを開き、溶けるスライスチーズをのせる。

5 再びお好み焼きメーカーを閉じ、チーズが溶けるまで弱火で1分ほど焼く。

6 器に盛り、バターを塗って、ピザのようにカットして食べる。お好みでピザソース、タバスコ、万能スパイスなどをかける。

ポイント

じゃがいもはピーラーでピラピラにしたら洗っちゃダメ。このとき、塩、コショウで味付けしてもいいですよ。

焼く前

PART 5

外でもアツアツが食べられる！

揚げもの
HSM（ホットサンドメーカー）レシピ

HSMの上でできる!

揚げ物の余分な油を切るテクニック

少ない油で1人分の揚げ物が作れるホットサンドメーカー。しかし、「どうやって余分な油を切るか」が問題。そこで使うのが**キッチンペーパー**。これさえあれば、わざわざ料理を取り出さなくても、ホットサンドメーカー上で余分な油を切ることができます。なお、油切り作業は**必ず火を止めて(あるいは火からおろして)**から行いましょう。

油切りのやり方

1

ホットサンドメーカーを閉じたまま、隙間から余分な油を捨てる。

2

ホットサンドメーカーを開き、4つ折りにしたキッチンペーパーをのせる(油が多い場合やキッチンペーパーのサイズが小さい場合は、増やしてもOK)。

3

ホットサンドメーカーを閉じて裏返し、もう片面にも**2**と同様にキッチンペーパーをのせ、しっかり閉じる。

4

そのまま少し放置し、余分な油が吸えたらキッチンペーパーを取り出す。

動画やレシピでとくに油切りをしていないものも、油が気になる場合は、この手法で余分な油を取り除けます。

焼く前

片栗粉はちょっと多いくらいが
サクサク感を出せます！

サクサクホルモン

#サクサクなマキシマムホルモンを焼いて
ストゼロをキメるだけの動画

材料(1回分)

ホルモン(焼肉用)……200g
片栗粉……大さじ3
マキシマム……適量

作り方

1. ボウルにホルモンを入れ、片栗粉をまんべんなくまぶす。
2. ホットサンドメーカーに、なるべく重ならないように1を入れる。
3. ホットサンドメーカーを閉じ、中弱火で3分ほど焼き、裏返してさらに中弱火で1分30秒～2分焼く。
4. 火を止めてホットサンドメーカーを開き、キッチンペーパーで油を切る(112ページ参照)。
5. フタを閉じて裏返し、ホットサンドメーカーを開いてマキシマムを振る。

ポイント

ホルモンから油が出るので油は引かなくてOK。

某チャンネルネタを
HSMで作ってみました！

台風コロッケ

＃台風10号接近しているのでコロッケを焼いてハイボールをキメるだけの動画

材料（1回分）

じゃがいも・にんじんの
水煮パック（市販）……1パック（240g）
ミートローフ（市販）……100g
小麦粉……大さじ1
塩・こしょう……少々
パン粉……25g
オリーブオイル……大さじ2
ソース……適量

作り方

1 じゃがいも・にんじんの水煮パックを、袋のまま揉んでマッシュ状にする。ミートローフも袋のまま揉んで粗めに潰す。

2 ボウルに1を入れ、塩・こしょう、小麦粉をまぶしてよく混ぜ合わせる。

3 2を4等分にし、小判型に成形する。

4 別のボウルにパン粉とオリーブオイルを入れてよく混ぜる。

5 ホットサンドメーカーに4の半量を平らに広げ、3を並べる。

6 5に、タネが隠れるように残りのパン粉をかけ、スプーンの背などで軽く押しつける。

7 ホットサンドメーカーを閉じ、中弱火で4分、裏返してさらに4分ほど焼く。

8 火を止めてホットサンドメーカーを開き、キッチンペーパーで油を切る（112ページ参照）。

9 キッチンペーパーを外し、ソースをかける。

焼く前

材料をパックごと潰せば、
洗いものが少なくて済みます

豚バラといい感じに溶けた
チーズがおいしい！

豚バラミルフィーユカツ

＃豚バラスライスでミルフィーユカツを焼いてミドリ缶をキメるだけの動画

材料（1回分）

豚バラ肉……200g
マキシマム……適量
パン粉……30g
オリーブオイル……大さじ3
溶けるスライスチーズ……2枚
マヨネーズやタバスコ……お好みで

作り方

1 豚バラ肉はマキシマムを振っておく。ボウルにパン粉とオリーブオイルを入れ、よく混ぜる。

2 ホットサンドメーカーにパン粉の半量を平らに広げ、豚バラ肉の半量を並べる。

3 2に溶けるスライスチーズをのせる。

4 3に残りの豚バラ肉をのせ、具を覆うように残りのパン粉をかける。

5 ホットサンドメーカーを閉じ、中弱火で3分ほど焼き、裏返してさらに中火で3分ほど焼く。

6 火を止めてホットサンドメーカーを開き、キッチンペーパーで油を切る（112ページ参照）。

7 器に盛り、食べやすい大きさに切る。お好みでマヨネーズやタバスコをかける。

焼く前

層になっているから
ジューシーに仕上がる

カレー味で食べつつ、
マヨで味変を楽しむ

イカゲソフライ

＃お好み焼きメーカーで
スルメイカのゲソフライを焼き
プレモルをキメるだけの動画

材料（1回分）

イカゲソ……150g
小麦粉……大さじ2
マキシマム……適量
溶き卵……1個分
パン粉……20g
オリーブオイル
……大さじ2
カレーパウダー
……適量
ソース、マヨネーズ
……お好みで

作り方

1 ボウルにイカゲソを入れ、小麦粉を振って混ぜ、さらにマキシマムを振って混ぜる。

2 1に溶き卵をかけ、全体になじませる。

3 別のボウルにパン粉とオリーブオイルを入れてよく混ぜる。

4 ホットサンドメーカーに3の半量を広げ、その上に2をのせ、残りのパン粉をのせる。

5 ホットサンドメーカーを閉じ、中弱火で3分ほど焼き、裏返して、さらに2分ほど焼く。

6 皿に盛り、食べやすい大きさに切って、カレーパウダーを振る。お好みでソースやマヨネーズをつけて食べる。

ポイント

大きいイカゲソを使う場合は、火が通りにくくなるので小さくカットしよう。また、油が気になる場合は、工程5のあとにキッチンペーパーで油を切りましょう（112ページ参照）。

焼く前

焼く前

磯辺揚げとカレー味が
意外とマッチ！

イカゲソの磯辺揚げ

＃イカゲソの磯辺揚げを焼いて
スープードロィをキメるだけの動画

材料（1回分）

イカゲソ……150g
小麦粉……大さじ2
青のり……小さじ1
オリーブオイル
……大さじ1
カレーパウダー
……適量

作り方

1 ボウルにイカゲソ、小麦粉、青のりを入れて混ぜる。

2 1にオリーブオイルをかけて、全体になじませる。

3 ホットサンドメーカーに、なるべく平らに2をのせる。

4 ホットサンドメーカーを閉じ、中弱火で3分ほど焼き、裏返して、さらに2分ほど焼く。

5 火を止めてホットサンドメーカーを開き、キッチンペーパーで油を切る（112ページ参照）。

6 キッチンペーパーを外し、カレーパウダーを振る。

磯辺揚げといったら
やっぱりコレ！

ちくわの磯辺揚げ

＃竹輪の磯辺揚げを焼いて
ハイボールをキメるだけの動画

材料（1回分）

ちくわ……6本
小麦粉……大さじ3
青のり……小さじ2
マキシマム……適量
水……大さじ2
オリーブオイル……大さじ1

作り方

1 ちくわは1cm幅の斜め切りにする。

2 ボウルに1、小麦粉、青のり、マキシマム、水を入れて混ぜ、オリーブオイルを加えてさらに混ぜる。

3 ホットサンドメーカーに2を敷き詰める。

4 ホットサンドメーカーを閉じ、裏返しながら、8分ほど焼く。

5 火を止めてホットサンドメーカーを開き、キッチンペーパーで油を切る（112ページ参照）。

焼く前

HSM上ですべて完結できる
みんな大好き鶏の竜田揚げ

鶏の竜田揚げ

ホットサンドメーカーで鶏の竜田揚げを焼いてハイボールをキメるだけの動画

材料(1回分)

鶏もも肉(唐揚げ用)……6個(250g)
焼肉のたれ……適量
片栗粉……大さじ3
オリーブオイル……大さじ2
お好みでマヨネーズ、マキシマム……適量

作り方

1 鶏もも肉は包丁の背で叩いておく。

2 ホットサンドメーカーに1を並べ、焼肉のたれ、片栗粉をかけてよく混ぜる。

3 2をなるべく平らにし、オリーブオイルを回しかける。

4 ホットサンドメーカーを閉じ、中弱火で5分、裏返してさらに4分ほど焼く。このとき、脂が出るので捨てながら焼くこと。

5 火を止めてホットサンドメーカーを開き、キッチンペーパーで油を切る(112ページ参照)。

6 キッチンペーパーを外し、お好みでマヨネーズやマキシマムをかける。

焼く前

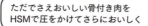

ただでさえおいしい骨付き肉を
HSMで圧をかけてさらにおいしく

チューリップ

チューリップ鶏肉を焼いてハイボールをキメるだけの動画

材料（1回分）

鶏手羽元（チューリップ）……6本
マキシマム……適量
片栗粉……適量
バター……10g
サラダ油……適量

作り方

1 鶏手羽元にマキシマムを振り、片栗粉をまぶす。

2 ホットサンドメーカーにサラダ油を薄く塗って1を並べ（互い違いにするときれいに収まる）、バターをのせる。

3 ホットサンドメーカーを閉じ、中弱火で6分、裏返してさらに6分ほど焼く。

4 火からおろしてホットサンドメーカーを開き、キッチンペーパーで油を切る（112ページ参照）。

焼く前

手羽元で作っても
おいしく仕上がります！

ちょっとエスニックな
チキンカツカレー

鶏むねフライ

比較的ヘルシーな鳥胸肉フライ焼きを
ハイボールでキメるだけの動画

材料(1回分)

鶏むね肉……1枚
マキシマム……適量
パン粉……20g
オリーブオイル……大さじ2
カレーの缶詰(グリーンカレー)……1個

作り方

1 鶏むね肉はマキシマムを振っておく。

2 ボウルにパン粉とオリーブオイルを入れてよく混ぜる。

3 ホットサンドメーカーに2の半量を広げ、その上に1をのせ、さらに残りのパン粉をのせる。

4 ホットサンドメーカーを閉じ、中弱火で7分ほど焼き、裏返してさらに中火で6分ほど焼く。

5 火からおろしてホットサンドメーカーを開き、キッチンペーパーで油を切る(112ページ参照)。

6 皿に盛り、食べやすい大きさに切る。

7 温めたカレーの缶詰を添え、つけながら食べる。

ポイント

肉が厚い場合や、
HSMに入りきらな
いサイズの場合は、
切って大きさや厚
みを調整しよう。

焼く前

PART 6

刺すからこそうまい！

串もの HSM(ホットサンドメーカー)レシピ

HSM料理におすすめの焼き串はコレ！

丈夫でくり返し使える「金属製の串」がおすすめ！

火にかけても焦げないうえにくり返し使えるので、数本持っておくと便利。肉・魚介・野菜など何にでも使えます。鉄製・ステンレス製などがあり、ホームセンターやスーパーの雑貨コーナー、100円ショップなどでも手に入ります。

- 形状：刺す部分が平たい形状のものがおすすめ。刺した食材がくるくる回ることなく使いやすい。
- 長さ：短いと火傷の危険があるので、ホットサンドメーカーの天板部分の倍の長さ（20〜25cm）がベター。

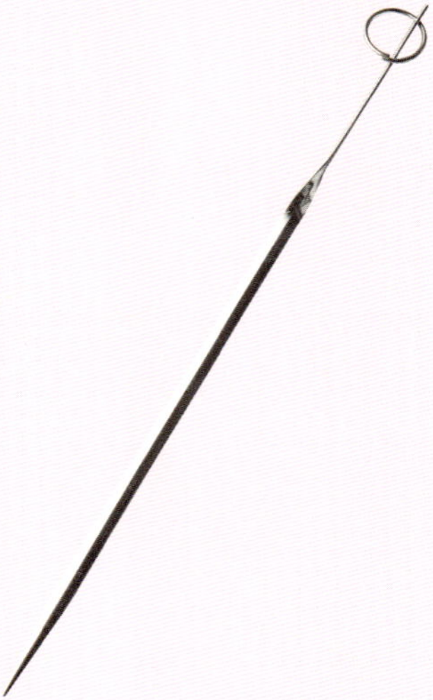

金串がない場合は竹串でもOK

コンビニや100円ショップなど、どこでも手に入りやすく安価なのがメリット。一般的な竹串のほか、長さと太さがあるBBQ用の竹串もあります。竹串は焦げやすいので、使用するときは、持ち手部分にアルミホイルを巻くと焦げ防止になります。

串の素材や長さ、火加減によっては柄の部分が熱くなる場合もあります。火傷に注意しましょう。

焼く前

家飲み、ひとり飲みに
もってこい！

焼き鳥

＃安かった鳥モモ肉とネギを串刺しにしてハイボールをキメるだけの動画

材料（1回分）

鶏もも肉……240g
長ねぎ……1本
マキシマム……適量
サラダ油……適量

作り方

1 長ねぎは2cmの長さに切る。

2 鶏もも肉と1を交互に串に刺していく。これを全部で4本作る。

3 ホットサンドメーカーにサラダ油を薄く塗り、2を並べ、マキシマムを振る。

4 ホットサンドメーカーを閉じ、中弱火で7分ほど焼き、裏返して、さらに6分ほど焼く。

仕上がりもきれい！
いろんな野菜で作ってもgood

アスパラベーコン串

＃七夕なので枝と短冊で笹飾りを作ってハイボールをキメるだけの動画

材料（1回分）

グリーンアスパラガス……4本
ベーコン……5枚
マキシマム……適量
オリーブオイル……適量

作り方

1 グリーンアスパラガスは、ベーコンの幅と同じぐらいの長さに切る。

2 1とベーコンを互い違いで串に刺す（ポイントの写真参照）。これを全部で3本作る。

3 ホットサンドメーカーにオリーブオイルを薄く塗り、2を並べる。

4 ホットサンドメーカーを閉じ、中弱火で3分ほど焼き、裏返してさらに2分ほど焼く。

5 火からおろし、マキシマムを振る。

ポイント

波状のベーコンの間にグリーンアスパラガスが入るように串に刺します。見た目も楽しい！

焼く前

みんな大好き
アスパラベーコンを串に！

ry_rone's Recipe 2

フライパンで焼くより
おいしいかも

豚バラ串

#合法な液体と粉でキマった安い
豚スライスを串刺しにして
金麦で流すだけの動画

材料(1回分)

豚バラ肉……200g
焼肉のタレ(市販)……大さじ2
マキシマム……適量

作り方

1 ボウルに豚バラ肉と焼肉のタレを入れ、よくあえる。

2 1を広げずに、クシャッとした状態のまま串に刺していく。これを全部で5本作る。

3 ホットサンドメーカーに2を並べる。

4 ホットサンドメーカーを閉じ、中弱火で5分ほど焼き、裏返してさらに4分ほど焼く。

5 火からおろし、マキシマムを振る。

焼く前

鶏皮でにんにくを巻くように刺すと
さらにおいしくなります！

鶏皮にんにく串

＃自らを外出自粛に追い込む
過激な鶏皮串を焼いて
ハイボールをキメるだけの動画

材料（1回分）

鶏皮……200g
にんにく……2個
マキシマム……適量
サラダ油……適量

作り方

1 鶏皮とにんにくを、交互に串に刺していく。これを全部で4本作る。

2 ホットサンドメーカーにサラダ油を塗る。1にマキシマムを振り、ホットサンドメーカーに並べる。

3 ホットサンドメーカーを閉じ、中弱火で5分ほど焼き、裏返して、さらに4分ほど焼く。このとき、焼いている途中で油が出てきたら、ホットサンドメーカーの隙間から捨てながら焼く。

焼く前

HSMで作る
浜焼き風メニュー

イカホタテ串

#イカとホタテを醤油で焦がしてアサヒをキメるだけの動画

材料(1回分)

イカ切り身……200g
ホタテ……6個
サラダ油……適量
A しょうゆ……大さじ1
　みりん……大さじ1
　しょうが(チューブ)……5cm

作り方

1. イカとホタテはそれぞれ串に刺し、イカ串2本、ホタテ串2本を作る。
2. ホットサンドメーカーにサラダ油を薄く塗り、1を並べる。
3. ホットサンドメーカーを閉じ、中弱火で3分ほど焼き、裏返して、さらに3分ほど焼く。このとき、焼いている途中で水が出てくるので、隙間から捨てながら焼く。
4. 器にAの材料を入れて混ぜておく。
5. ホットサンドメーカーを開いて4をかけ、フタを閉じて弱火で20秒ほど加熱する（タレがはねるので注意！）。

焼く前

焦がししょうゆの
味と香りが食欲UP！

祭りに行けなくても
おウチで屋台めし！

ly_rone's Recipe 2

屋台風イカ焼き

#夏祭りも自粛だろうからイカ焼き串作ってスープードロィをキメるだけの動画

材料(1回分)

生イカ……1杯
しょうゆ、みりん(しょうゆ味の焼肉のタレでもOK)……適量
サラダ油……適量

作り方

1 イカは胴と足（ゲソ）に分け、それぞれを串に刺す。

2 ホットサンドメーカーにサラダ油を薄く塗り、1を横向きに置く。

3 ホットサンドメーカーを閉じ、中弱火で3分ほど焼き、裏返して、さらに3分ほど焼く。このとき、焼いている途中で水が出てくるので、隙間から捨てながら焼く。

4 ホットサンドメーカーを開き、しょうゆ、みりんをかける（はねるので注意！）。

5 フタを開けたまま、タレを絡めながら中火で20秒ほど加熱し、火からおろす。

ポイント

フタを開けて少し焼くことで、イカから出る余分な水分を飛ばし、タレを絡めながら焼くことができます。

焼く前

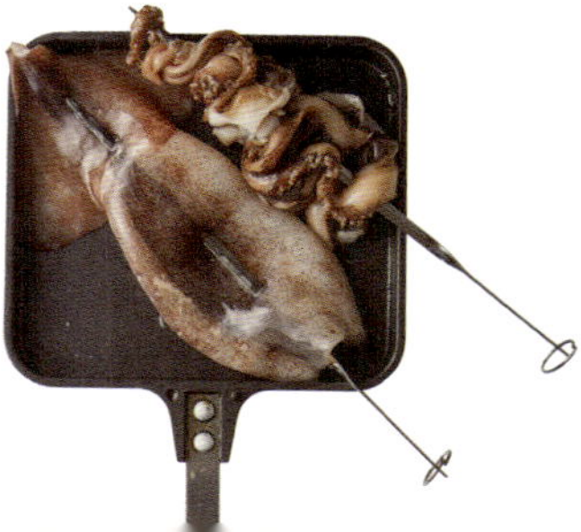

このままかぶりつきたい！
風物詩のイカ焼き

せせりは地域によってはスーパーにはないかも。
お肉屋さんやデパートの食肉売り場をチェック！

せせりタレ焼き

#鳥セセリを照り焼きにしてストゼロレモンをキメるだけの動画

材料(1回分)

鶏せせり……200g
照り焼きのタレ(市販)……適量
サラダ油……適量
一味唐辛子……お好みで

作り方

1 鶏せせりは、まとめて串に刺して旗のようにする(ポイントの写真参照)。

2 ホットサンドメーカーにサラダ油を薄く塗り、1を置く。

3 ホットサンドメーカーを閉じ、中弱火で5分ほど焼き、裏返して、さらに4分ほど焼く。

4 ホットサンドメーカーを開き、照り焼きのタレをかける（はねるので注意！)。

5 フタを開けたまま、タレを絡めながら中火で20秒ほど加熱する。

6 串をはずして火からおろし、お好みで一味唐辛子をかける。

ポイント

せせり肉を串に旗のように刺します。刺す場所が端っこすぎると、肉の重みで切れてしまうので注意！

焼く前

噛めば噛むほど
味わいが出てくる

超万能に使える山フライパン

「煮る」「焼く」をひとつの器具でまかないたいと思い、深めのフライパンを探していたところで見つけたのが、この深型タイプのフライパン。フッ素コーティングしてあるので、油を引かなくても焦げつきません。例えば、ホットケーキなどは、この中で粉を溶いて、そのまま焼いてしまえます（取り出さずにそのまま！）。また、コンパクトにまとめやすく、タフに使えるのも利点ですね。

ユニフレーム 山リッドSUS
¥1,500（税込）

ユニフレーム 山フライパン 17cm 深型
¥2,900（税込）

使い勝手のよい大きさで深型（65mm）なので、フライパンとしても、鍋としても使えます。フッ素樹脂加工をしてあるので、焦げつきにくくお手入れも楽。キャンプなどのアウトドア活動にぴったりのアイテムです。フタは別売り。

動画では大黒しめじを使っていますが、
手に入りやすいエリンギにアレンジしました！

エリンギとエビのアヒージョ

#ホンシメジとエビのアヒージョを
煮込むだけの動画

材料（1回分）

エリンギ……2本程度
むきエビ……200g
シーズニング（アヒージョ用）……1袋
鷹の爪……2本（お好みで調整）
オリーブオイル……大さじ4
エビせんべいなど……好きな枚数

作り方

1 エリンギは半分の長さに切り、縦にさく。

2 山フライパンに1を入れ、シーズニングの半量をかける。さらにむきエビを入れ、残りのシーズニングをかける。

3 2に鷹の爪を入れ、オリーブオイルを回しかける。

4 山フライパンにフタをし、弱火で5分ほど煮る。

5 火からおろし、せんべいを添える。そのまま食べても、せんべいに具をのせても、オイルにつけて食べてもOK。

ポイント

動画はメスティンで作っていますが、山フライパンでも作れます

あくまでも
タコ焼きです！

タコ焼きケーキ

＃単独タコパでタコ焼ケーキを作りナマをキメるだけの動画

材料（1回分）

ゆでダコ（ぶつ切り）……100g
タコ焼き粉……150g
千切りキャベツ（市販）……150g
卵……1個
水……1カップ（200ml）
新生姜の酢漬け……50g
ソース、青のり、かつお節、マヨネーズ……適量

作り方

1 タコは、大きいようであれば食べやすい大きさに切っておく。

2 山フライパンに、タコ焼き粉、千切りキャベツ、卵、水を入れて混ぜる。

3 2に1と新生姜を加えて混ぜる。

4 山フライパンにフタをして、弱火で15分ほど焼く。

5 皿の上で山フライパンをひっくり返し、タコ焼ケーキを取り出す。

6 食べやすい大きさに切り、ソース、青のり、かつお節、マヨネーズをかける。

ポイント

タコ焼きをケーキは厚みがあるので、弱火でじっくり時間をかけて焼くこと！

ぶつ切りタコがゴロゴロ入った
贅沢な特大タコ焼き

ly rone's Recipe 2

完成した瞬間
感動します

厚焼きホットケーキ

#厚いホットケーキを焼いて朝パコするだけの動画

材料(1回分)

ホットケーキミックス……1袋(150g)
卵……1個
水……1/2カップ(100ml)
バター……10g
メープルシロップまたははちみつ……適量

作り方

1 山フライパンにホットケーキミックス、卵、水を入れて混ぜる。

2 1にフタをして、極弱火で20分ほどじっくり焼く。

3 皿の上で山フライパンをひっくり返し、ホットケーキを取り出す(ポイント参照)。

4 バターをのせ、メープルシロップをかける。

ポイント1

ホットケーキの縁に竹串を通してからひっくり返すと、きれいに取り出せます。

ポイント2

キレイに焼くコツは、「こんな弱火で焼けるの?」というくらいの超弱火で、時間をかけること!

幼いのころに夢見た
分厚いホットケーキを
山フライパンで作ってみた！

リロ氏（りろし）

Twitter アカウント『リロ氏』、YouTube『リロ氏のひとり遊びちゃんねる』などのアカウント主。平成生まれのソロハンター＆ソロキャンパーとして、狩猟情報やアウトドア情報を発信中。猟銃の所持歴は 10 年。Twitter で投稿するホットサンドメーカー使用のレシピ動画は 260 万再生とバズる。現在は、Twitter のフォロワー 39 万人、YouTube のチャンネル登録数が 30 万人を超える人気を獲得している。著書に『リロ氏のソロキャンレシピ』（マキノ出版）がある。

レシピ協力：しらいしやすこ
カバーデザイン：菊池 祐（株式会社ライラック）
本文デザイン：今住真由美（株式会社ライラック）
撮影：市瀬真以
スタイリスト：木村柚加利

編集協力・イラスト：プー・新井
撮影協力：UTUWA　03-6447-0070
株式会社ハイマウント
和平フレイズ株式会社
株式会社新越ワークス

リロ氏のホントにとてもくわしい ホットサンドメーカーレシピ

2021 年 4 月 9 日　第 1 刷発行
著　者　リロ氏
発行者　室橋一彦
発行所　株式会社マキノ出版
〒101-0062　東京都千代田区神田駿河台 2-9-3F
☎ 03-3233-7816
マキノ出版のホームページ　https://www.makino-g.jp/
印刷所
製本所　株式会社廣済堂

落丁本・乱丁本はお取り替えいたします。
お問い合わせは、編集関係は書籍編集部（☎ 03-3233-7822）、販売関係は販売部（☎ 03-3233-7816）へお願いいたします。
定価はカバーに表示してあります。
ISBN 978-4-8376-1386-2